秘蔵古写真

幕末

監修 日本カメラ博物館

山川出版社

CONTENTS
秘蔵古写真 幕末

- ●日本カメラ博物館と古写真　谷野 啓 ……………… 4
- ●古写真はおもしろい　石黒敬章 ……………… 6

第1章　**黒船来航と日本人漂流民** ……………… 10
　　　黒船来航 ……………… 10
　　　漂流民 ……………… 16

第2章　**海を渡った侍たち** ……………… 18
　　　遣米使節団 ……………… 19
　　　第1回遣欧使節団 ……………… 48
　　　上海派遣使節団 ……………… 72
　　　オランダ留学生 ……………… 74
　　　長州藩イギリス密航留学生 ……………… 82
　　　第2回遣欧使節団 ……………… 86
　　　薩摩藩イギリス密航留学生 ……………… 92
　　　パリ万国博覧会 ……………… 96
　　　岩倉使節団 ……………… 104

扉　日本人が写された最古の写真「利七像」

第3章　**外国人の見た日本人** ………………… 118
　　　外国人の見た日本人 ………………………… 118
第4章　**写真が綴った幕末史** ………………… 154
　　　写真が綴った幕末史 ………………………… 154
　　　幕末維新の英雄たち ………………………… 170
　　　幕末の四侯 …………………………………… 188
　　　最後の将軍 …………………………………… 190
　　　幕末の大名たち ……………………………… 198
　　　幕末の幕臣たち ……………………………… 202
　　　幕末の皇族・公家たち ……………………… 204
　　　幕末に来日した外国人 ……………………… 209
　　　上野彦馬の世界 ……………………………… 216
　　　下岡蓮杖の世界 ……………………………… 224
●本文掲載写真の補足人物紹介 ………………… 233
●日本カメラ博物館の設立とその活動　田村昌彦 …… 252

※画像サイズ表記は、全て実寸（レイアウトの都合上、画像をトリミングしているものもある）
※人物名の後の（　）内は、使節団での役職名

日本カメラ博物館と古写真

谷野　啓（一般財団法人 日本カメラ財団　常務理事）

日本カメラ博物館古写真収集の始まり

　日本カメラ博物館は、平成元年（1989）11月に開館しました。日本カメラ財団においてカメラは以前から沢山所蔵していましたが、写真の収蔵に関してはあまり進行していませんでした。当初、博物館の開館にあたり貴重なカメラを探していましたが、平成元年6月1日の「写真の日」の朝日新聞に、「写真150年」の特集記事を見つけました。1頁全面を使用して、スイス在住のミッシェル・アウアー夫妻所蔵のカメラ310台が床に並べられ、ここにご夫妻が横たわり、眩いばかりの秘蔵のカメラと一体になっている写真が掲載されていました。その勢揃いしたカメラの中に、ジルー・ダゲレオタイプ・カメラが2台、さりげなく並んでいたのです。ダゲールの自署名入りプレートの付いたカメラは、世界に数台しか存在が確認されていない貴重なカメラです。

　その記事の中でコレクションの将来は、という質問の答えの中に「そうねえ、博物館に寄付でもしましょうか」との夫妻の言葉がありました。ということは、手放すことも充分ありうるのでしょう。早速、アウアー氏とコンタクトをとるべく様々な方法を模索し、ようやく交渉ができるところまで到達することができました。そしてついに、博物館開館前に入手することができたのです。

　こうなるとダゲレオタイプで撮影した銀板写真がないと収まらないと思い、探した末に、嘉永3年（1850）に「アテネのパルテノン神殿のレリーフ」を写した外交官であり写真家の、フランス人グロ男爵の作品を男爵の遺族から手に入れることができました。

日本人が写された最初の古写真

　数年後、嘉永3年～4年（1850～1851）頃に樽廻船栄力丸の日本人乗組員が銀板写真で撮影された写真3枚をアウアー夫妻が所有していることを知り、1枚を譲っていただきました。この写真は現在、日本人が写された最初の写真だと言われています。

　日本カメラ博物館開館後の平成3年にJCIIフォトサロンを開館し、古写真収集

に力を入れはじめました。まず、幕末に来日した写真家ピエール・ロシエの貴重なステレオ写真や、アメリカで撮影された遣米使節団のステレオ写真等約25,000枚と、アルバム22冊を手に入れました。幕末の日本で撮影されたステレオ写真だけでも160枚ありました。

次に収集した主なものは遣欧使節団の資料で、その中にはフランスの写真家ナダールのスタンプが押されシンボルの赤サインの付いた写真

ジルー・ダゲレオタイプ・カメラ
（日本カメラ博物館所蔵）

や、写真家ポトーが人類学博物館のために撮影した、横と正面を向いた福沢諭吉などの写真も入っていました。

その他、特筆すべきものは、外国人写真師ピエール・ロシエ撮影の鳴滝塾のシーボルト、ベアトアルバム、スティルフリードアルバム、スティルフリード撮影マンモスサイズ写真16枚、ブルーガー撮影31点、ブラディー撮影のペリー提督などがあります。

また、日本人の写真師では、現在日本ではほとんど見ることのできない下岡蓮杖の六つ切りサイズの写真20種24枚を所蔵し、その他には、上野彦馬アルバム2冊、「大日本東京写真名所一覧表」アルバムがあります。このアルバムには、明治時代の東京の15区と5郡を撮影した900枚以上の鶏卵紙写真が貼付されています。

さらに、「大日本全国名所一覧」というアルバムには、1268枚の鶏卵紙写真が貼付されており、撮影場所には北海道から沖縄、小笠原諸島まで含まれていて、特に貴重な資料であります。

これからも多くの皆様に当館の写真をご覧いただき、写真の魅力を感じていただければ幸いです。

古写真はおもしろい

石黒敬章（古写真蒐集家）

古写真にはフシギとユカイがある

　父がヘンテコなものを集める道楽があったことを受け継ぎ、私には若いころからガラクタの収集癖があった。アフリカに行って縄文土器のような壺を集めたり、地中海を軽自動車で一周してガラクタを探したり、落ちこぼれの発明品を収集したりした。それを使ってイベントや展示会を開いたりして楽しかったのだが、そうしたコレクションはかさばり、保管しておく場所がなくなった。場所をとらずにおもしろいものはないかと考えたら、父が昭和初年から集め始めた古写真があった。30年ほど前から、私も父に倣って古写真の収集を始めたのである。数が集まってくると、フシギがいろいろ増えてくる。それを調べて自分なりに解決した時には、フシギがユカイに変わるのである。それがなかなかおもしろい。
　ここでは私が肖像写真で、フシギがユカイに変わった一例を紹介してみよう。

横顔の写真がほとんどないフシギ

　まずフシギに思ったのは幕末明治期の写真には、笑顔と横顔の写真がほとんどないことである。笑顔写真がない話はこれまで何度か書いたので、ここでは横顔写真について述べよう。
　外国では紙幣、コイン、切手などに横顔が多用されている。しかし日本ではまずない。芸者や飛脚などを紹介するため、全身像を横から写した土産用の写真は見受けられるが、写真館に赴きアップで横顔を撮らせた写真はない。横顔の肖像は、笑顔と同様、公の写真としては、日本ではいまも通用しないようだ。パスポートや免許証は正面真顔でないと受け付けてもらえないこともあるようである。
　日本人が横顔を撮った最初は、多分ヨーロッパ

【写真1】池田長発の従者
撮影者：ジャック・フィリップ・ポトー
撮影地：フランス　パリ　撮影年：1864年

であろう。第2回遣欧使節団一行は、元治元年（1864）、パリのポトー写真館で肖像を写した。河津祐邦伊豆守以下全員が正面と横顔【写真1】を撮られ、これらの写真は人類学研究の日本人種の標本として、各地に流布したとのことである。

私は鼻が低いから日本人は横顔写真には不向きだと思っていたのだが、そうではないらしい。横顔という言葉には、プロフィールという意味とも少し違う、「人物などのあまり知られていない一面」（『広辞苑』）という意味がある。辞書で横の字の付く言葉を拾っても、「横道に逸れる」「横車を押す」「横槍を入れる」「横流し」「横取り」「横目使い」「横意地をはる」「横っ面を張る」「横着」「横暴」など、後ろ向きの言葉が多い。日本人は横にあまり良いイメージを持っていなかった気がする。それで横顔の写真は敬遠されたのではないか。

【写真2】乳を含ませる女性
撮影者：上野彦馬
撮影年：慶応年間（1865～1868）
画　像：鶏卵紙
顔の部分はフォトモンタージュで横顔を前向きに修正している。

幕末からフォトモンタージュ（合成写真）があったとは

【写真2】は、父が収集した古いアルバムにあったもので、日本写真の開祖と称される長崎の上野彦馬が、慶応年間に写した名刺判写真である。彦馬が大きな西洋厚紙を切り出しナイフでカットしたハンドメイドの台紙に貼られているので、草創期の古い写真である。

この写真は父が昭和32年（1957）にアソカ書房から発行した『写された幕末Ⅰ』に掲載されている。キャプションに「主人の生還を待ちわびるサムライ留守家族と中間、女中、子守。長時間の撮影準備にむずかる子供に乳をふくませている。乳をのぞかせた武士の妻の写真は珍しい」とある。乳をのぞかせた武士の妻は珍しいが、それ以上に、妻の顔がコラージュされていることが珍しかった。

妻の顔の部分を拡大した【写真3】を掲載するので、とくとご覧いただきたい。楕円形に切り抜かれた顔と髪の部分が、横顔の上に貼られているようである。女性の顔をフォトモンタージュですげ替えてある写真は後に見られるが、それは美人の顔にするのが普通である。しかしこの武士の妻は他人の顔に替えたのではなさそうだ。

【写真3】乳を含ませる女性
顔の部分を拡大したもの。楕円形に切り抜かれた顔が貼られていることが分かる。

私が思うに、元の写真で武士の妻はほぼ横顔だった。それは耳の位置や首の曲げ具合から推察できる。横向きは良くない、もう少し顔を前向きにしようとコラージュしたのではないだろうか。

彦馬は後に、自分自身が服装を変えて同じ画面に写りこむトリック写真を写しているくらいだから、幕末でもこの程度の合成写真は朝飯前だったのだろう。彦馬がすでに幕末に始めていた顔すげ替え写真は、明治中期頃から散見されるようになる。私の知る限りではヌード・ポルノ写真に多い。友人の滝錬太郎氏が所蔵している明治期のヌード写真には、外国人のヌード写真の顔を日本髪の日本女性にすげ替えた写真がある。

ちょっと驚いたのは、昭和初期の報道写真にも顔のすげ替え写真【写真4】を見つけたことである。一見、ベルリンオリンピック日本代表選手団のようだが、何かしっくりしない感じを受ける。昭和11年8月1日、ベルリンで第11回オリンピッ

ク大会が開催されるが、これは出場する選手団の顔を広田弘毅内閣の閣僚の顔にしたパロディ写真なのだ。

　岡田啓介内閣総辞職で、難産の末広田弘毅内閣が誕生したのは昭和11年3月9日だった。軍部の介入で組閣に難航したのである。こんな内閣がやっていけるのかと疑念があり、同盟通信社はこのパロディ写真を制作したようである（配信されたかどうかは定かではない）。

　実際広田内閣は、昭和12年1月21日に寺内寿一陸相と浜田国松議員の割腹問答や為替の行き詰まりなどがあり、1月23日に総辞職。11ヶ月の短命内閣で終わってしまった。

【写真4】昭和11年オリンピック選手団のパロディ写真
撮影者：不詳
撮影年：昭和11年（1936）以降　　画像：鶏卵紙
選手団の顔が右から、馬場鍈一蔵相、広田弘毅首相、寺内寿一陸相、永野修身（おさみ）海相、有田八郎外相、潮恵之助内相にすげ替えられている。

本書に石黒コレクションの古写真が掲載されているのはなぜか？

　自慢することでもうれしいことでもないが、私はボーっと生きているうち、いつの間にか後期高齢者になってしまった。今後、古写真コレクションをどうしたらよいかを考え、日本カメラ博物館に引き取ってもらうことにしたのである。

　日本カメラ博物館は、写真展のトークショーを頼まれたりするなど、親交のある財団法人である。実績ある財団なので安心できる。

　早速、多くの肖像写真が本書に掲載されることになり、お役に立ててうれしく思っている。父と私が、あまり金はかけなかったが、時間をかけて集めた古写真が、末永く世のため人のために役立つことを願っている。

第1章
黒船来航と日本人漂流民

黒船来航／漂流民

　第1章は、幕末期、欧米列強国が東アジア諸国に権益を求めて進出した時代に焦点を絞り紹介したい。

　開国を求め、新鋭の黒船に乗って来航したアメリカ艦隊の出現は、日本を大きく揺るがした。このとき日本は、アメリカの要求におされて、200年以上も続いた「鎖国」の扉を開けることになった。そこから、たくさんの外国船が行き来するようになった。日本からも、欧米へ向けて使節団を派遣した。各国の近代化した軍事施設や交通機関などを目の当たりにした当時の日本人は、さぞかし驚いたことだろう。

　欧米諸国は、アジアへの勢力拡大を進めていた。徳川幕府は、日本が植民地にならないように、列強国と肩を並べられるような国造りを目指した。しかし、一方ではその考えに取り残され、また生活が苦しくなる人たちもいた。その不満は、外国との交流を強く拒絶させ、攘夷の思想を生んだ。それは、無謀にも外国人の暗殺や、外国船への砲撃を行わせた。当然、あっという間に鎮圧されて、欧米国の圧倒的な強さを思い知らされた。そこから攘夷の愚かさを悟り、本格的に日本の近代化を志すようになったのである。

　攘夷の思想は、いつしか消えて幕府への反発へと移り変わっていった。次は、国内の政権争いである。熾烈な戦いの末、ついに徳川幕府は敗れ、新政府が誕生する。江戸時代も幕を下ろし、日本の近代化に向けて明治という時代が始まるのである。

　その時代を駆けめぐった人たちの勇姿を、どうか、堪能してほしい。

黒船来航

日本遠征艦隊司令官　マシュー・C・ペリー
撮影者：マシュー・ブラディー　　撮影地：アメリカ　ニューヨーク
撮影年：1855年～1856年頃　　画　像：鶏卵紙　84×50mm
　アメリカ海軍軍人。1852年東インド艦隊司令長官に就任。嘉永6年（1853）に続き、安政元年（1854）に再び来航して開国を迫った。

1855年にE・ブラウン・Jr.が出版した6枚組の大型石版画、日本遠征画集『The Japan Expedition』の中の1枚である。ペリー提督一行が、視察のために下田へ上陸している様子である。日米和親条約の調印後、開港が決まり、すぐに置かれた下田奉行の役人が、それを出迎えている。左端に浮かぶ小船には、写真撮影を行っている従軍写真家E・ブラウン・Jr.が、手前中央には、一行の様子をスケッチしている従軍画家ウィリアム・ハイネが描かれている。

黒船来航

ペリー提督一行の下田上陸の図
1854年6月8日
手彩色石版画　ウィリアム・ハイネ画

【上】ペリー上陸
撮影年：嘉永6年（1853）
画　像：手彩色石版画　220×290mm
　　　　ウィリアム・ハイネ画
　7月14日、久里浜の応接所に向かうペリー提督。ここで、フィルモア大統領の国書を渡した（第1回来航）。

【下】旗艦ポーハタン艦上での宴会
撮影年：嘉永7年（1854）
画　像：手彩色石版画　220×290mm
　　　　ウィリアム・ハイネ画
　3月27日、ポーハタン号へ幕府の全権委員たちを招待した。5人の委員はペリーの部屋で饗応され、残りの60人には甲板でワイン・シャンパン・リキュール酒が振る舞われた（第2回来航）。

黒船来航

警備にあたる武士団
撮影年：安政元年（1854）
画　像：手彩色石版画　220×290mm
　　　　ウィリアム・ハイネ画
応接所警護の武士たちが描かれている。

献上品の陳列
撮影年：安政元年（1854）
画　像：手彩色石版画　220×290mm
　　　　ウィリアム・ハイネ画
　3月13日、横浜村に献上品が陸揚げされた。献上品には電信機や汽車・炭水車・客車および軌道など一式ほか、ライフル銃、ピストル、望遠鏡、柱時計、鋤や鍬などの農耕具もふくまれていた（第2回来航）。

浦賀奉行・戸田氏栄
撮影年：安政元年（1854）
画　像：手彩色石版画
　　　　ウィリアム・ハイネ画
　幕臣。浦賀奉行として井戸弘道とともにペリーとの折衝役を務めた。

堀達之助（右）
撮影年：安政元年（1854）
画　像：手彩色石版画
　　　　ウィリアム・ハイネ画
　次席通訳。第1回ペリー来航からオランダ語で通訳を務めた。

森山栄之助と立石得十郎
撮影年：安政元年（1854）
画　像：手彩色石版画
　　　　ウィリアム・ハイネ画
　オランダ語通詞。英語にも精通していた首席通訳の森山栄之助（左）と通訳の立石得十郎（右）。

日本人が写された最古の写真「利七像」
撮影者:ハーベイ・R・マークス
撮影地:アメリカ サンフランシスコ
撮影年:1851年
画 像:ダゲレオタイプ

漂流民

「イラストレイテッド・ニュース」ニューヨークの絵入り週刊紙
発行年：1853年1月22日付

　この新聞の中段中央には、「利七像」が反転して置かれている。記事によれば、栄力丸という日本のジャンク船が、1850年（嘉永3）10月25日に江戸を出港した後、嵐に遭い漂流し、同年12月21日にアメリカのオークランド号に救出されサンフランシスコに到着した。この船に乗っていた日本人17名は、サンフランシスコの港に滞在することになり、オークランド号の船上で24日間を過ごし、その後、ポーク号に移された。この新聞の挿絵は、日本人たちがポーク号の船中にいるときに、ボルチモア出身の写真家マークス氏によって撮影されたダゲレオタイプから、忠実に複製した肖像画である。その後、軍艦セントメリー号に移された日本人17名は、1852年2月に香港へ向かい、年老いた船長の「まんぞう」（上段中央後ろ）は、サンドイッチ諸島で亡くなったと書かれている。この新聞により、挿絵の原画となったダゲレオタイプが1851年に撮影されたことがわかる。この時に撮影された日本人乗組員のダゲレオタイプは、現在、何点か発見されているが、今のところそれらは日本人が写された最古の写真となる。ところで、残った16名の乗組員のその後であるが、日本へ向かうペリー提督が率いる4隻の艦隊のひとつ、サスケハナ号に香港で移され、そこから3名はイギリス船でアメリカに戻り、12名は上海、乍浦へとばらばらに上陸し帰国をめざした。唯一、仙太郎（中段左より3人目）という人物は、サスケハナ号に乗ったまま嘉永6年、ペリー提督とともに浦賀沖を訪れていた。

第 2 章
海を渡った侍たち

遣米使節団／第1回遣欧使節団／上海派遣使節団
オランダ留学生／長州藩イギリス密航留学生／第2回遣欧使節団
薩摩藩イギリス密航留学生／パリ万国博覧会／岩倉使節団

　第2章は、遣米使節団、第1回遣欧使節団、第2回遣欧使節団、パリ万国博覧会への参加、オランダ留学生、岩倉使節団など、幕末から明治維新のころに欧米へ渡った人々の肖像写真である。
　彼らは、批准書の交換のためや条約の一部の5年間延期の依頼、攘夷派が起こした事件の謝罪など、様々な事情があり派遣されたが、そのほとんどは、列強国の発展した文明に驚き、感化されて帰国した。それに加えて、列強国の植民地となったアジアやアフリカの悲惨な現状も目の当たりにした。そして彼らは、日本の近代化の必要性を痛感するのであった。
　日本へ戻った彼らを待っていたのは、徳川慶喜の大政奉還であった。次いで朝廷が王政復古の大号令を発した。そして、ついに戊辰戦争が起こり徳川幕府は敗北し、明治政府が政権を握ることになる。
　海外渡航した彼らのその後の足取りをたどると、幕府崩壊後も徳川に仕える家臣や、明治政府がその実力を必要とし出仕要請をしても、それにはあえて応えなかった幕臣たちもいた。一方、使節団に随行した経験を生かし、明治政府で活躍する人もいた。文久2年（1862）に幕府が派遣したオランダ留学生たちは、そこで学んだ技術を明治政府で生かし、近代化した新しい日本を造る要（かなめ）となった。写真に写る彼らの姿は、皆凛々しく、それぞれに重い責務を背負った気迫が伝わってくるようだ。

遣米使節団

遣米使節団正使 新見正興 しんみ まさおき
撮影者：不詳
撮影地：アメリカ　ニューヨーク
撮影年：万延元年（1860）
画　像：鶏卵紙　78×69mm
　幕臣。日本初の遣外使節の正使となり、批准書の交換という使命を無事に果たした。

遣米使節団

安政6年12月〜万延元年8月（1860年1月〜9月）

　安政5年（1858）に締結した日米修好通商条約の14条「日本政府は使節を派遣しワシントンにおいて批准交換する」に基づき、幕府はアメリカに使節を派遣することになった。そうして、正使、副使、監察の他、役人17名、従者51名、賄方6名の総勢77名は、1860年1月22日（旧暦安政6年12月30日）にアメリカ人乗組員312名が乗ったアメリカのポーハタン号に乗り込み出航する。一行は、ハワイ、サンフランシスコを経てパナマで下艦し、パナマからコロンまで汽車で移動した後、アメリカ政府の出迎えの船でワシントンへ向かう。そして、3月28日（旧暦万延元年3月7日）にホワイト・ハウスにおいて、15代大統領ブキャナンに謁見し、無事に批准書の交換を終えた。その後、ボルチモア、フィラデルフィアを周り、5月12日（旧暦閏3月22日）にアメリカ艦ナイアガラ号でニューヨークを出港する。アメリカでは、どこへ行っても大歓迎を受けたという。帰りは大西洋、インド洋を周り、バタビア、香港、台湾に寄港し、地球を一周して9月28日（旧暦8月14日）に日本へ戻った。

咸臨丸艦長 勝海舟 _{かつ かいしゅう}
撮影者：ウィリアム・シュー
撮影地：アメリカ　サンフランシスコ
撮影年：万延元年（1860）
画　像：ティンタイプ　81×68mm

　幕臣。使節団随行の咸臨丸の艦長として太平洋を横断してアメリカを訪問した。この写真で勝が手に持っている白銀の太刀は5年前に伊勢松阪の豪商竹川竹斎から贈られたものである。

遣米使節団

ワシントン海軍工廠見学の一行
撮影者：マシュー・ブラディー
撮影地：アメリカ　ワシントン海軍工廠
撮影年：万延元年（1860）
画　像：224×293mm

　使節団はブキャナン大統領に謁見後、日米修好通商条約の批准書交換を行う。その後ワシントン海軍工廠をはじめスミソニアン博物館、国会議事堂、アメリカ海軍天文台等を訪れた。前列右から勘定組頭森田岡太郎（清行）、監察（目付）小栗忠順、正使（外国奉行）新見正興、副使（外国奉行兼勘定奉行兼箱館奉行兼神奈川奉行）村垣範正、外国奉行支配組頭成瀬善四郎（正典）、外国奉行支配調役塚原重五郎（昌義）。後列、村垣の後ろがデュポン海軍大尉、新見の後ろがブキャナン工廠所長、そこから右へ立石得十郎（オランダ語通詞）、栗嶋彦八郎（小人目付）、モーリー海軍中尉、松本三之丞（外国奉行支配定役）、アリソン事務長。

ハーパー・ウィークリー
発行年：1860年6月23日付
　　　　（旧暦5月5日）
　　　　ニューヨークの週刊新聞
画　像：282×396mm

　ブラディーが撮影したワシントン海軍工廠見学の記念写真をもとにした挿絵。

小栗忠順（監察）おぐり　ただまさ
前頁の拡大写真
　幕臣。使節団の中で、最もその手腕をアメリカ側に評価された有能な幕吏。

遣米使節団

成瀬善四郎（正典）
(外国奉行支配組頭)
なるせ　ぜんしろう（まさのり）
撮影者：チャールズ・フレデリックス
撮影地：アメリカ　ニューヨーク
撮影年：万延元年（1860）
台　紙：鶏卵紙　300×243mm
画　像：204×156mm

　幕臣。遣米使節では、ニューヨークの税関で関税の規則を調査したほか、国書の管理にあたっていた。

谷文一（絵師）
たに　ぶんいち
撮影者：チャールズ・フレデリックス
撮影地：アメリカ　ニューヨーク
撮影年：万延元年（1860）
台　紙：ソルテッド・ペーパー
　　　　340×243mm
画　像：203×155mm

　使節団には正使新見の従者として随行。文一はアメリカの馬車やドレスを着た男女の舞踏の様子、煙をあげながら走る機関車、子供を抱く人の様子など、様々な風俗や物を描いている。

立石斧次郎（通詞見習）
たていし　おのじろう
撮影者：不詳
撮影地：アメリカ　ニューヨーク
撮影年：万延元年（1860）
画　像：鶏卵紙　70×65mm

　使節団には無給通詞見習として17歳で随行した。英語とオランダ語が話せたので、アメリカではその賢さと人柄が人気となり、養父が幼名の「為」（ため）と呼んでいたところから「トミー」と呼ばれ親しまれた。

遣米使節団

左より、野々村市之進、玉虫左太夫、川崎道民、吉川金次郎
撮影者:チャールズ・フレデリックス
撮影地:アメリカ ニューヨーク
撮影年:万延元年(1860)
画 像:鶏卵紙 78×63mm

　野々村市之進と吉川金次郎は村垣範正の従者、玉虫左太夫は新見正興の従者、川崎道民は御雇医として使節団に随行した。

川崎道民（御雇医）
かわさき どうみん
画　像：ステレオ写真　鶏卵紙に手彩色　78×63mm
　使節団には、御雇医として随行した。文久2年（1862）の遣欧使節団にも、御雇医として随行する。

遣米使節団

荒木数右衛門（新見正興の従者）
あらき　かずえもん
画　像：ステレオ写真　鶏卵紙に手彩色　78×63mm
　熊本藩士。使節団には正使の新見正興の従者として随行した。台紙には「強力男」と紹介されている。

＊28～29頁の写真は
撮影者：チャールズ・フレデリックス
撮影地：アメリカ　ニューヨーク
撮影年：万延元年（1860）

山田馬次郎（成瀬善四郎の従者）
やまだ　うまじろう

撮影者：チャールズ・フレデリックス
撮影地：アメリカ　ニューヨーク
撮影年：万延元年（1860）
画　像：ステレオ写真　鶏卵紙に手彩色
　　　　74×60mm

　土佐藩士。使節団には吉田東洋の推挙を受け、外国奉行支配組頭の成瀬善四郎の従者として随行した。ハワイからサンフランシスコまでの日記『航海日記』を残している。台紙には「使節団の美男子」と紹介されている。

左より、荒木数右衛門、岸珍平

撮影者：チャールズ・フレデリックス
撮影地：アメリカ　ニューヨーク
撮影年：万延元年（1860）
画　像：ステレオ写真　鶏卵紙に手彩色
　　　　79×63mm

　荒木数右衛門は新見正興の従者、岸珍平は吉田佐五左衛門の従者として使節団に随行した。

遣米使節団

玉虫左太夫（新見正興の従者）
たまむし　さだゆう
撮影者：チャールズ・フレデリックス
撮影地：アメリカ　ニューヨーク
撮影年：万延元年（1860）
画　像：ステレオ写真　鶏卵紙
　　　　75×60mm

　仙台藩士。使節団には自ら願い出て、正使の新見正興の従者として随行し『航米日録』を著した。

左は不詳、右は立石斧次郎
撮影者：チャールズ・フレデリックス
撮影地：アメリカ　ニューヨーク
撮影年：万延元年（1860）
画　像：ステレオ写真　鶏卵紙
　　　　79×63mm

　立石斧次郎は、使節団には無給通詞見習として随行した。

左より、石川鑑吉、坂本泰吉郎、不詳
画　像：ステレオ写真　鶏卵紙に手彩色　79×63mm
　石川鑑吉は、使節団には勘定組頭森田岡太郎の従者として随行した。台紙には「会計役」と紹介されている。坂本泰吉郎は、小人目付の粟島彦八郎の従者として随行した。

遣米使節団

前列左より、三村広次郎、広瀬格蔵、玉虫左太夫、後列左より荒木数右衛門、岸珍平、山田馬次郎
画　像：ステレオ写真　鶏卵紙に手彩色　67×78mm

　三村広次郎は、使節団には監察目付小栗忠順の従者として随行。広瀬格蔵は森田岡太郎の従者として、玉虫左太夫と荒木数右衛門は新見正興の従者として随行した。岸珍平は吉田佐五左衛門の従者、山田馬次郎は成瀬善四郎の従者として随行した。

＊32～33頁の写真は
撮影者：チャールズ・フレデリックス
撮影地：アメリカ　ニューヨーク
撮影年：万延元年（1860）

村垣範正(副使)
撮影年:万延元年(1860)
画　像:手彩色石版画　140×100mm

小栗忠順(目付)
撮影年:万延元年(1860)
画　像:手彩色石版画　140×100mm

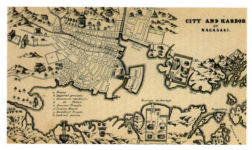

当時の長崎の地図

『ポーハタン号遠征記・遣米使節団』
　34〜35頁の写真は左の本に掲載された手彩色石版画。

遣米使節団

成瀬善四郎（外国奉行支配組頭）
撮影年：万延元年（1860）
画　　像：手彩色石版画　140×100mm

塚原重五郎（外国奉行支配役）
撮影年：万延元年（1860）
画　　像：手彩色石版画　140×100mm

名村五八郎（通詞）
撮影年：万延元年（1860）
画　　像：手彩色石版画　140×100mm

立石斧次郎（通詞見習）
撮影年：万延元年（1860）
画　　像：手彩色石版画　140×100mm

ワシントンのウィラーズ・ホテルに到着した
使節団を観に集まった群衆
撮影者：マシュー・ブラディー
撮影地：アメリカ　ニューヨーク
撮影年：万延元年（1860）
画　像：72×67mm

遣米使節団

5月16日（旧暦閏3月26日）に行われたアメリカの国務長官と遣米使節団の会談

「フランクレスリー・イラストレイテッド・ニュース」
発行年：1860年6月2日
　　　　（旧暦4月13日）
画　像：395×280mm

　アメリカの国務長官と遣米使節団の会談を伝えるニューヨークの絵入り新聞。

ホワイト・ハウス、東の間で行われた日本の使節団の歓迎パーティー

「フランクレスリー・イラストレイテッド・ニュース」
発行年：1860年6月2日
　　　　（旧暦4月13日）
画　像：559×786mm

　5月17日（旧暦閏5月27日）にワシントンのホワイト・ハウス、東の間で行われた日本の使節団の歓迎パーティーでの、第15代大統領ブキャナンと使節団の挨拶の様子。

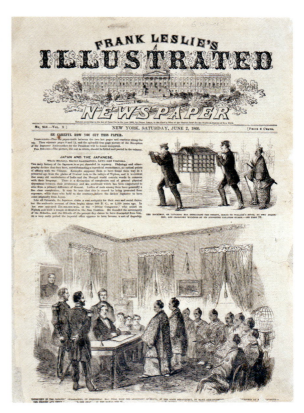

遣米使節団

ニューヨークの市庁舎へ向かう使節団
撮影者：不詳
撮影地：アメリカ　ニューヨーク
撮影年：万延元年（1860）6月18日（旧暦4月29日）
画　像：ステレオ写真　鶏卵紙　73×75mm

　使節団を乗せた馬車を中央にして第7連隊が四方から護衛する。

ニューヨークの市庁舎へ向かう使節団
（ステレオ写真）

熱狂する米国市民
（ステレオ写真／40〜41頁に拡大写真あり）

| 遣米使節団 |

熱狂する米国市民

撮影者：G・ステイシー
撮影地：アメリカ　ニューヨーク
撮影年：万延元年（1860）
画　像：ステレオ写真
　　　　鶏卵紙
　　　　73×70mm

　使節団の一行を乗せた馬車が通るブロードウェイ。窓や屋上も見物人であふれている。沿道の商店が観客席を設けた。

遣米使節団

使節団を迎える第 8 連隊の行進
撮影者：不詳
撮影地：アメリカ　ニューヨーク
撮影年：万延元年（1860）6 月 16 日
　　　　（旧暦 4 月 27 日）
画　像：ステレオ写真　鶏卵紙　75 × 73mm

　使節団を迎えにニコラス通りを過ぎる第 8 連隊の行進。第一桟橋へ向かう途中の情景。

使節団を迎える第 8 連隊の行進
（ステレオ写真）

市庁舎へ押し寄せる大衆
撮影者：不詳
撮影地：アメリカ　ニューヨーク
撮影年：万延元年（1860）6月18日（旧暦4月29日）
画　像：ステレオ写真　鶏卵紙　75×74mm
　　使節団と知事、市長との会談が行われる市庁舎へ押し寄せる大衆。

遣米使節団

ブロードウェイを通る使節団
撮影者：G・ステイニー
撮影地：アメリカ　ニューヨーク
撮影年：万延元年（1860）
画　像：ステレオ写真　鶏卵紙　75×70mm

　パレード用に交通規制されたブロードウェイを通る使節団。

馬車に乗った使節団
撮影者：不詳
撮影地：アメリカ　ニューヨーク
撮影年：万延元年（1860）
画　像：ステレオ写真　鶏卵紙　77×69mm

　左写真とほぼ同じところから撮られている。

市庁舎に到着した使節団
撮影者：不詳
撮影地：アメリカ　ニューヨーク
撮影年：万延元年（1860）6月18日
　　　　（旧暦4月29日）
画　像：ステレオ写真　鶏卵紙　76×76mm

　知事、市長との会談のために市庁舎に到着した使節団。

会談の終了を待つ第7連隊
撮影者：不詳
撮影地：アメリカ　ニューヨーク
撮影年：万延元年（1860）6月18日
　　　　（旧暦4月29日）
画　像：ステレオ写真　鶏卵紙　74×76mm

　市庁舎前の群衆と右側に整列して待機する第7連隊。

バッテリー公園で行われる使節団の歓迎式に集まる群衆
撮影者：不詳
撮影地：アメリカ　ニューヨーク
撮影年：万延元年（1860）
画　像：ステレオ写真　鶏卵紙　76×69mm
　　バッテリー公園はニューヨーク港に面するニューヨーク市のマンハッタン島南端にある。

遣米使節団

使節団が到着した朝のニューヨーク港
撮影者：不詳
撮影地：アメリカ　ニューヨーク
撮影年：万延元年（1860）
　　　　6月16日
　　　　（旧暦4月27日）
画　像：ステレオ写真　鶏卵紙
　　　　74×74mm
　南北戦争を翌年に控えたニューヨーク港の情景。

使節団の歓迎式での礼砲を四方より見守る群衆
撮影者：不詳
撮影地：アメリカ　ニューヨーク
撮影年：万延元年（1860）
　　　　6月16日
　　　　（旧暦4月27日）
画　像：ステレオ写真　鶏卵紙
　　　　76×76mm

第1回遣欧使節団

文久元年12月～文久2年12月（1861～1862）

　アメリカに次いで修好通商条約を各国と結んだ日本は、国内の経済が混乱し、尊王攘夷が激化していた。内乱だけでなく外国人の殺傷事件も相次いで起こる。それを鎮めるために幕府は、遣欧使節団を派遣する。その使命は、フランス、イギリス、オランダ、プロシア（ドイツ）、ロシア、ポルトガルの6カ国と結んだ条約のうち、江戸と大坂の開市、新潟と神戸の開港を5年間延期する承認を得ること、またロシアには樺太の国境を画定する目的である。文久元年（1861）12月、イギリス艦オージン号に乗船した総勢38名の使節団は、品川から出港。翌年の元旦に長崎を出て、香港、シンガポールなどを経由しスエズへ上陸し、そこから汽車で地中海に出る。3月にフランス、4月にイギリス、5月にオランダ、6月にプロシア（ドイツ）、7月にロシア、8月にポルトガルと周った。各国とは、開市と開港の5年間延期の承認をなんとか得ることができたが、ロシアとの国境問題の交渉は、まとめることができなかった。

第1回遣欧使節団

福沢諭吉（翻訳方）ふくざわ ゆきち
撮影者：ジャック・フィリップ・ポトー
撮影地：フランス　パリ
撮影年：文久2年（1862）
画　像：鶏卵紙　202×153mm

　遣欧使節団では翻訳方として随行し、後に『西洋事情』を著す。慶応3年（1867）に再び渡米し『西洋旅案内』を著した。翌年に蘭学塾を「慶應義塾」と名付け、教育活動に専念する。

福沢諭吉（側面写真）
画　像：鶏卵紙
　　　　203×133mm

竹内保徳（正使）
たけのうち　やすのり
画　像：鶏卵紙　238×192mm

　幕臣。使節団では正使としてイギリスでロンドン覚書を締結したのを皮切りに、各国に江戸、大坂の開市、新潟、神戸の開港の5年延期を認めさせた。

松平康直（副使）
まつだいら　やすなお
画　像：鶏卵紙　237×193mm

　幕臣。使節団では副使に任命された。帰国後の元治元年（1864）に本家の松平周防守家を相続し、陸奥棚倉藩の藩主となり名を康英と改名。老中として横須賀製鉄所建設にあたる。

```
＊50～51頁の写真は
　撮影者：ナダール（ガスパール・フェリックス・トゥールナション
　撮影地：フランス　パリ
　撮影年：文久2年（1862）
```

第 1 回遣欧使節団

京極高朗（監察）
きょうごく　たかあき
画　像：鶏卵紙　236×173mm

　幕臣。使節団では監察に任命された。帰国後は、神奈川奉行、長崎奉行、騎兵奉行と還任。

柴田剛中（貞太郎）（組頭）
しばた　たけなか
画　像：鶏卵紙　238×187mm

　幕臣。使節団には組頭として随行し、常に一行の要となる。慶応元年（1865）には、理事官としてイギリスとフランスに派遣され、技師の雇い入れや各種機械の購入、軍事教官派遣の契約などの手配をする。

左より、森鉢太郎とされているが斎藤大之進か、日高圭三郎とされているが水品楽太郎か、上田友輔、柴田剛中、太田源三郎、福地源一郎、川崎道民、立広作
画　像：鶏卵紙　202×250mm

左より、松平康直、竹内保徳、京極高朗、柴田剛中
画　像：鶏卵紙　223×1240mm

第1回遣欧使節団

立広作（定役並通詞）
たち　こうさく
画　像：鶏卵紙　168×128mm
　使節団では通詞に任命された。

上田友輔（定役元締）
うえだ　ともすけ
撮影者：セヴェリン
撮影地：オランダ　デン・ハーグ
撮影年：文久2年（1862）
画　像：鶏卵紙　93×62mm
　幕臣。使節団では定役元締に任命された。慶応2年（1866）の遣露使節団には外国奉行支配調役並として参加。

＊52頁と53頁の左写真は
撮影者：ナダール（ガスパール・フェリックス・トゥールナション）
撮影地：フランス　パリ
撮影年：文久2年（1862）

川崎道民（御雇医）
画　像：鶏卵紙　96×62mm

福沢諭吉（翻訳方）
画　像：鶏卵紙　97×61mm

＊54頁の上写真2枚と55頁の上写真
　2枚は
　撮影者：セヴェリン
　撮影地：オランダ　デン・ハーグ
　撮影年：文久2年（1862）

川崎道民（御雇医）
撮影者：カルデシー
撮影年：文久2年（1862）
撮影地：イギリス　ロンドン
画　像：鶏卵紙　87×57mm

第1回遣欧使節団

太田源三郎（通詞）
画　像：鶏卵紙　97×61mm

福地源一郎（定役並通詞）
ふくち　げんいちろう
画　像：鶏卵紙　89×57mm
　使節団には、定役並び通詞として随行する。フランスでは、万国公法を研究した。慶応元年（1865）にも柴田剛中の使節に随行した。

太田源三郎（通詞）
おおた　げんざぶろう
撮影者：カルデシー
撮影年：文久2年（1862）
撮影地：イギリス　ロンドン
画　像：鶏卵紙　87×56mm
　使節団には通詞として随行した。明治期には工部省鉄道局頭取となっている。

左より、森山多吉郎、淵辺徳蔵
撮影者：ミルトン・ミラー
撮影地：香港
撮影年：文久2年（1862）
画　像：ステレオ写真　鶏卵紙　74×69mm

第1回遣欧使節団

森山多吉郎（調役兼通詞）
もりやま たきちろう
撮影者：セヴェリン
撮影地：オランダ デン・ハーグ
撮影年：文久2年（1862）
画　像：鶏卵紙　90×57mm

　オランダ語と英語が使いこなせ、プチャーチンやペリー提督来航の際に通訳を務めた。遣欧使節団の帰国後も各国との重要な会議で通詞を務めた。

淵辺徳蔵（勘定格調役）
ふちべ とくぞう
撮影者：セヴェリン
撮影地：オランダ デン・ハーグ
撮影年：文久2年（1862）
画　像：鶏卵紙　97×64mm

　幕臣。使節団に随行時に『欧行日記』を記している。帰国後、外国奉行支配調役から製鉄所御用取扱を務めた。

左より、日高圭三郎、福沢諭吉、福田作太郎
撮影者：カルデシー
撮影年：文久2年（1862）
撮影地：イギリス　ロンドン
画　像：鶏卵紙　87×56mm

第1回遣欧使節団

日高圭三郎（為善）（勘定役）
ひだか　けいさぶろう
撮影者：セヴェリン
撮影地：オランダ　デン・ハーグ
撮影年：文久2年（1862）
画　像：鶏卵紙　92×57mm

　幕臣。万延元年（1860）の遣米使節団には、徒目付として随行し『米行日誌』を残した。遣欧使節団には勘定役として随行。帰国後に十人扶持、鉄砲製造所奉行、砲兵指図役頭取、砲兵頭並となる。

福田作太郎（勘定格徒目付）
ふくだ　さくたろう
撮影者：セヴェリン
撮影地：オランダ　デン・ハーグ
撮影年：文久2年（1862）
画　像：鶏卵紙　95×61mm

　幕臣。使節団からの帰国後は、各国での探索報告書をまとめ、全27冊の『福田作太郎筆記』が残されている。

左より、川崎道民、斎藤大之進、岡崎
藤左衛門、太田源三郎
撮影者：カルデシー　撮影地：イギリス　ロンドン
撮影年：文久2年（1862）
画　像：鶏卵紙　87×56mm

岡崎藤左衛門（外国奉行支配調役並）
　おかざき　とうざえもん
撮影者：セヴェリン
撮影地：オランダ　デン・ハーグ
撮影年：文久2年（1862）
画　像：鶏卵紙　90×57mm

　本姓飯久保。開成所取締役、外国奉行並、兵庫奉行などを歴任。

岡崎藤左衛門
撮影者：カルデシー
撮影地：イギリス　ロンドン
撮影年：文久2年（1862）
画　像：鶏卵紙　89×56mm

第1回遣欧使節団

左より、益頭駿次郎、高松彦三郎、
上田友輔、福地源一郎
撮影者：デイビス　撮影地：イギリス　ロンドン
撮影年：文久2年（1862）
画　像：鶏卵紙　93×57mm

益頭駿次郎（普請役）ましず　しゅんじろう
撮影者：セヴェリン
撮影地：オランダ　デン・ハーグ
撮影年：文久2年（1862）
画　像：鶏卵紙　97×62mm

　万延元年（1860）の遣米使節団には、普請役として随行し『亜行航海日記』を著す。遣欧使節団にも、普請役として随行。帰国後は支配勘定役となり、海軍練習所の建設に尽力する。

高松彦三郎（小人目付）たかまつ　ひこさぶろう
撮影者：セヴェリン
撮影地：オランダ　デン・ハーグ
撮影年：文久2年（1862）
画　像：鶏卵紙　90×58mm

　嘉永6年（1853）に小人目付となり、品川台場造営工事の進行役を担当し、『内海御台場築立御普請御用中日記』を書き残している。文久使節団帰国後も福沢諭吉と交友があった。

左より、重兵衛、杉孫七郎、石黒寛次
撮影者：セヴェリン　撮影地：オランダ　デン・ハーグ
撮影年：文久2年（1862）
画　像：鶏卵紙　93×57mm

杉孫七郎（外国奉行支配調役並）
すぎ　まごしちろう
撮影者：セヴェリン
撮影地：オランダ・デン・ハーグ
撮影年：文久2年（1862）
画　像：鶏卵紙　97×62mm

　長州藩士。元治元年（1864）の四国連合艦隊との戦いでは、馬関に赴き参戦。その後の交渉にも関与する。慶応3年（1867）に討幕軍の参謀となる。

重兵衛（小使兼賄方）
撮影者：セヴェリン
撮影地：オランダ　デン・ハーグ
撮影年：文久2年（1862）
画　像：鶏卵紙　97×62mm

　使節団には、26歳頃に随行した。

第 1 回遣欧使節団

石黒寛次（小使兼賄方）いしぐろ かんじ
撮影者：セヴェリン
撮影地：オランダ デン・ハーグ
撮影年：文久2年（1862）
画　像：鶏卵紙　97×63mm

　丹後田辺藩士。蒸気船や電信機を研究し、語学に堪能で洋書の翻訳もした。その後、長崎海軍伝習所に入所。

原覚蔵（鵬雲）(小使兼賄方及び絵師)
はら　かくぞう
【上・下】撮影者：ジャック・フィリップ・ポトー
　　　　撮影地：フランス　パリ
　　　　撮影年：文久2年（1862）
【上】画　像：鶏卵紙　203 × 140mm
【下】画　像：鶏卵紙　93 × 63mm
　徳島藩の鉄砲足軽。使節団では、現地の様子を描く姿が新聞に紹介されている。

永持五郎次（明徳）(柴田剛中の従者)
ながもち　ごろうじ
【上・下】撮影者：ジャック・フィリップ・ポトー
　　　　撮影地：フランス　パリ
　　　　撮影年：文久2年（1862）
【上】画　像：鶏卵紙　176 × 133mm
【下】画　像：鶏卵紙　97 × 62mm
　叔父で組頭の柴田剛中の従者として随行した。

第 1 回遣欧使節団

野沢郁太（松平康直の従者）
のざわ　いくた
【上・下】撮影者：ジャック・フィリップ・ポトー
　　　　　撮影地：フランス　パリ
　　　　　撮影年：文久2年（1862）
【上】画　像：鶏卵紙　176×134mm
【下】画　像：鶏卵紙　97×63mm
　使節団では、『遣欧使節航海日録』を書き残した。

黒沢新左衛門（貞備）（京極高朗の従者）
くろさわ　しんざえもん
【上・下】撮影者：ジャック・フィリップ・ポトー
　　　　　撮影地：フランス　パリ
　　　　　撮影年：文久2年（1862）
【上】画　像：鶏卵紙　180×133mm
【下】画　像：鶏卵紙　92×57mm
　糸井京極家（監察京極高朗）の家老格。『欧羅巴航日録』甲・乙をまとめた。

山田八郎（小人目付）
　画　像：鶏卵紙　90×58mm

斎藤大之進（同心）
　　　　さいとう　だいのしん
　画　像：鶏卵紙　97×63mm

　幕臣。文久元年（1861）に、14名の水戸浪士がイギリス公使館である江戸の東禅寺を襲撃した時、居合わせ撃退した。翌年に旗本に昇進。使節団に随行した際、ロンドンでビクトリア女王より東禅寺事件の功を賞され、銀製の賞牌と賞状を賜った。

> ＊66頁の上写真2枚と67頁の写真は
> 撮影者：セヴェリン
> 撮影地：オランダ　デン・ハーグ
> 撮影年：文久2年（1862）

山田八郎（小人目付）やまだ　はちろう
　撮影者：カルデシー
　撮影地：イギリス　ロンドン
　撮影年：文久2年（1862）
　画　像：鶏卵紙　88×56mm

第1回遣欧使節団

長尾条助（竹内保徳の従者）ながお じょうすけ
画　像：鶏卵紙　97×61mm
　詳細は不明。

森鉢太郎（定役）もり はちたろう
画　像：鶏卵紙　94×59mm
　幕臣。詳細は不明。

水品楽太郎（外国奉行支配調役並）
みずしな らくたろう
画　像：鶏卵紙　95×61mm
　慶応元年の柴田使節団に外国奉行組頭として参加。

岡鹿之助（小使兼賄方）おか しかのすけ
画　像：鶏卵紙　97×63mm
　佐賀藩士。長崎海軍伝習所で学び砲術方となった。帰国後は、海軍方に属し砲術の研究をする。

高間鷹輔（竹内保徳の従者）
たかま　ようすけ
画　像：鶏卵紙　97×63mm
　詳細は不明。

市川渡（清流）（松平康直の従者）
いちかわ　わたる
画　像：鶏卵紙　96×62mm
　松平康直が神奈川奉行を務めていた時期に康直に仕える。『尾蠅欧行漫録』は文久使節団の記録で、大英博物館図書館を紹介した。

岩崎豊太夫（京極高朗の従者）
いわさき　ぶんだゆう
画　像：鶏卵紙　96×62mm
　豊岡藩に仕え、明治2年（1869）に公議人・衆議院議員をつとめる。

第 1 回遣欧使節団

佐野鼎（貞輔）（小使兼賄方）
さの　かなえ
画　像：鶏卵紙　96×60mm

　万延遣米使節団、及び文久遣欧使節団に参加。帰国後、文久3年（1863）には加賀藩の軍艦奉行補佐となった。

佐藤恒蔵（賄方並小役）
さとう　つねぞう
画　像：鶏卵紙　92×58mm

　杵築藩士。万延元年（1860）の遣米使節団には、賄方として随行。海軍造船所や砦、砲台、武器弾薬などを視察し『欧米日記』を記す。遣欧使節団には、賄方並小役として随行。

> ＊68頁〜69頁の写真は
> 撮影者：セヴェリン
> 撮影地：オランダ　デン・ハーグ
> 撮影年：文久2年（1862）

箕作秋坪（御雇翻訳方兼医師）
　みつくり　しゅうへい
撮影者：ヒレー
撮影地：オランダ　デン・ハーグ
撮影年：文久2年（1862）
画　像：鶏卵紙　94×60mm

　使節団には、医師兼翻訳方として随行。維新後は、英学塾「三叉学舎」を開設。

松木弘安（寺島宗則）（医師兼翻訳方）
　まつき　こうあん
撮影者：ディキンソン
撮影地：イギリス　ロンドン
撮影年：文久2年（1862）
画　像：鶏卵紙　88×58mm

　使節団に医師兼翻訳方として抜擢された。帰国した翌年に薩英戦争が起こり参戦。元治2年（1865）、薩摩藩がイギリスへ留学生を送る際は、視察随員となる。

第1回遣欧使節団

立広作（定役並通詞）たち こうさく
撮影者：セヴェリン
撮影地：オランダ デン・ハーグ
撮影年：文久2年（1862）
画　像：鶏卵紙　92×57mm

高島祐啓（医師）
たかしま　ゆうけい
撮影者：セヴェリン
撮影地：オランダ デン・ハーグ
撮影年：文久2年（1862）
画　像：鶏卵紙　97×62mm

幕府の漢方医。使節団には、医師として随行した。帰国後に『欧西紀行』を著す。

日高圭三郎とされているが
岩崎豊太夫（定役並通詞）か
撮影者：ジャック・フィリップ・ポトー
撮影地：フランス　パリ
撮影年：文久2年（1862）
画　像：鶏卵紙　168×134mm

上海派遣使節団

文久2年5月〜文久2年6月（1862〜1862）

　第1次使節団は幕府御勘定根立助七郎以下、主に長崎奉行所の役人と長崎の商人からなる52名の派遣団で、千歳丸で上海に渡った。彼らの目的は、上海の市場調査とともに試験的に石炭や朝鮮人参、俵物、昆布等の販売を行うことだったが、積荷の大部分を売却できずに終わった。

　薩摩藩士五代才助（友厚）が蒸気船購入交渉を行ったほか、佐賀藩士中牟田倉之助は英語を学び、太平天国の乱の情報収集につとめた。また、長州藩士高杉晋作は地図や七連発のスミス＆ウェッソン銃を購入している。

　特にこの派遣団の経験が生きたのは佐賀藩士納富介次郎で、これ以降も中国との貿易の必要性と可能性について考え、長崎に出て開港通商の方法を研究した。その構想のもと、明治2年（1869）に大阪に出て佐賀藩設商会の顧問となって中国の商人との貿易に成功している。

上海派遣使節団

高杉晋作（幕吏の従者）
たかすぎ　しんさく
撮影者：上野彦馬
撮影年：慶応2年（1866）
画　像：69×47mm

　長州藩士。使節団では、小人目付・犬塚鑕三郎の従者として上海に渡る。

中牟田倉之助（幕吏の従者）
なかむた　くらのすけ
撮影者：不詳
撮影年：明治5年〜明治10年頃
　　　　（c1872〜c1877）
画　像：73×50mm

　佐賀藩士。この使節団で高杉と親しい交友ができた。

オランダ留学生

文久2年6月～明治元年12月（1862～1868）

　日米修好通商条約の第10条に基づき、幕府はアメリカに軍艦の製造を依頼し、加えて留学生の受入れを求めた。しかし、アメリカは南北戦争での政情不安定を理由にそれを断る。近代的な海軍の創設と軍艦製造を目的とした幕府は、それをオランダに託した。そうして、海軍諸術や経済学、医学、鍛冶や鋳物、航海術などの研修のため、16名の留学生がオランダへ派遣された。出発前に留学生たちからは、日本の秘密を漏洩しないこと、キリスト教徒にならないこと、日本の風習を改めないことなどの誓書がとられたという。

　文久2年（1862）6月18日、品川沖を咸臨丸で出港し長崎でオランダの船を待つ。その間に、留学生の久保田伊三郎が病死した。その後、オランダ船カリップス号で長崎を出航。品川沖から324日目の文久3年（1863）4月16日、オランダのブローウェルスハーフェンに入港した。

　ロッテルダムでは、幕府の指示通りに全員が黒紋付に羅紗の羽織に小袖、立付袴に大小両刀の姿で入国し、オランダ人を驚かせたようだ。15名の留学生は、各々に海軍医学校、海軍兵学校、航海訓練学校、造船所へ通った。しかしまた一人、慶応元年（1865）8月2日に大河喜太郎がアムステルダムで死亡する。10月14日に西、津田が帰国の途に就く。

　慶応2年（1866）10月25日、依頼していた軍艦開陽丸が日本へ回航となり、榎本、内田、橋本、澤、田口、上田、古川、山下、大野、中島を乗せ、慶応3年（1867）3月26日に横浜に到着。8月18日、伊東、林、赤松はドイツ国境ゼヴェナールで、パリ万国博覧会後に条約締盟国へ親善巡歴する徳川昭武一行を出迎えた。慶応4年（1868）3月、赤松は幕府の瓦解を知り帰国を決意。5月17日に帰国。残る伊東、林は昭武一行と12月3日に帰国した。

オランダ留学生

榎本武揚（留学生）
えのもと たけあき
撮影者：ブロンク
撮影地：オランダ デン・ハーグ
撮影年：文久3年（1863）
画　像：鶏卵紙　88×57mm

　オランダ留学では、航海術、砲術、蒸気機関学を学ぶ。慶応2年（1866）、幕府がオランダに発注した軍艦開陽丸に乗り日本へ帰国。

榎本武揚
撮影者：田本研造
撮影年：明治元年頃（c1868）
画　像：鶏卵紙

赤松大三郎（留学生）
あかまつ　だいざぶろう
撮影者：ブロンク
撮影地：オランダ　デン・ハーグ
撮影年：文久3年（1863）
画　像：鶏卵紙　88×57mm

　幕臣。遣米使節団には咸臨丸で随行した。オランダへ派遣された時は、開陽丸の建造に携わり、運用術や砲術、造船学を学んだ。

津田真道（留学生）
つだ　まみち
撮影者：ブリューニング
撮影地：オランダ　ライデン
撮影年：文久3年（1863）
画　像：鶏卵紙　86×55mm

　津山藩士。オランダでは、西周とともにライデン大学で学び、元治元年（1864）にフリーメイソンに入会した。慶応元年（1865）12月に帰国。翌年にライデン大学の講義録を『泰西国法論』として翻訳する。

オランダ留学生

山下岩吉(留学生)
やました いわきち
撮影者:ブリューニング
撮影地:オランダ ライデン
撮影年:文久3年(1863)
画　像:鶏卵紙　87×51mm

　オランダでは、航海訓練学校に入学し、その後、フィップス造船所で開陽丸の艤装に携わり、国立海軍ドックで訓練を受けた。開陽丸で帰国。

林研海(留学生)
はやし けんかい
撮影者:ブロンク
撮影地:オランダ デン・ハーグ
撮影年:文久3年(1863)
画　像:鶏卵紙　88×57mm

　オランダ留学では海軍病院で医学を研修。慶応2年(1866)に3年間の留学期間延期の許可を得るが、幕府瓦解となった。徳川昭武一行とともに明治元年(1868)12月に帰国。

内田恒次郎（留学生取締役）うちだ　つねじろう
撮影者：ホーマン
撮影地：オランダ　デン・ハーグ
撮影年：文久3年〜慶応2年（1863〜1866）
画　像：鶏卵紙　91×56mm

　オランダでは、船具や運用術、砲術などを学ぶ。元治元年（1864）に幕府が依頼した建造中の軍艦に「開陽丸」と命名し、その2年後に乗船して帰国。

田口俊平（留学生）たぐち　しゅんぺい
撮影者：ホーマン
撮影地：オランダ　デン・ハーグ
撮影年：文久3年〜慶応2年（1863〜1866）
画　像：鶏卵紙　91×57mm

　オランダでは、開陽丸建造の技術者として建造の監督と測量術や砲術を学んだ。開陽丸で帰国。

大河喜太郎（留学生）おおかわ　きたろう
撮影者：ホップメイスター
撮影地：オランダ　ライデン
撮影年：文久3年〜慶応元年（1863〜1865）
画　像：鶏卵紙　92×58mm

　オランダでは、鋳物工場や海軍ドックで研修をしていたが、アルコール性肝炎を患い死去した。

オランダ留学生

古川庄八 （留学生）ふるかわ　しょうはち
撮影者：ブリューニング
撮影地：オランダ　ライデン
撮影年：文久3年（1863）
画　像：鶏卵紙　87×55mm

　オランダでは、航海技術を学び、開陽丸で帰国。その後、築地海軍操練所に出仕。戊辰戦争では、開陽丸で榎本武揚に従い箱館で参戦。

伊東玄伯 （留学生）いとう　げんぱく
撮影者：ブロンク
撮影地：オランダ　デン・ハーグ
撮影年：文久3年（1863）
画　像：鶏卵紙　88×57mm

　オランダに派遣された時は眼科を研究し、後に日本語の試視力表を作成する。明治元年（1868）12月に徳川昭武一行、林とともに帰国。典薬寮医師となる。

澤太郎左衛門（留学生）
さわ　たろうざえもん
【左】
撮影者：ブロンク
撮影地：オランダ　デン・ハーグ
撮影年：文久3年（1863）
画　像：鶏卵紙　88×57mm
【右】
撮影者：デルボーイ
撮影地：オランダ　デン・ハーグ
撮影年：慶応2年（1866）
画　像：鶏卵紙　86×55mm

　幕臣。オランダでは、大砲や火薬について研究。慶応3年（1867）3月に帰国後、幕府軍艦頭並となる。

大野規周（留学生）
おおの　のりちか
【左】
撮影者：ブリューニング
撮影地：オランダ　デン・ハーグ
撮影年：文久3年〜慶応2年
　　　　（1863〜1866）
画　像：鶏卵紙　91×54mm
【右】
撮影者：ブリューニング
撮影地：オランダ　デン・ハーグ
撮影年：慶応2年（1866）
画　像：鶏卵紙　87×54mm

　オランダへは、航海用クロノメーターの製造技術を学ぶため派遣された。

オランダ留学生

上田寅吉（留学生）
うえだ　とらきち
【左】
撮影者：ブリューニング
撮影地：オランダ　デン・ハーグ
撮影年：文久3年（1863）
画　像：鶏卵紙　88×55mm
【右】
撮影者：トレースリング商会
撮影地：オランダ　アムステルダム
撮影年：慶応2年（1866）
画　像：鶏卵紙　87×56mm

　オランダでは造船技術を学ぶ。維新後は新政府に出仕し、横須賀造船所で造船技術者となる。

中島兼吉（留学生）
なかじま　かねきち
【左】
撮影者：ブリューニング
撮影地：オランダ　ライデン
撮影年：元治元年（1864）
画　像：鶏卵紙　89×54mm
【右】
撮影者：ブリューニング
撮影地：オランダ　ライデン
撮影年：文久3年（1863）
画　像：鶏卵紙　90×54mm

　オランダでは鋳物工場でその技術を学んだ。帰国後、軍艦操練所に出仕となる。

長州藩イギリス密航留学生

文久3年〜明治元年（1863〜1868）

　吉田松陰が「安政の大獄」で処刑された4年後の文久3年（1863）、長州藩士井上馨ら5名は、イギリスで海軍学を学ぶため横浜を出航した。藩主毛利敬親の内諾は得ているが、幕府は海外渡航を禁止しているため、密航である。駐日イギリス長崎領事代理ガウワーの周旋を得て、彼らは、イギリスのユニヴァーシティ・カレッジ・ロンドンに入学した。法文学、化学、経済学などを学び、造船所や工場などを見学した。元治元年（1864）、ロンドンで「四ヵ国連合艦隊が長州に対し重大な決意をした」という報道が流れ、心配になった井上馨と伊藤は急いで帰国。江戸で襲撃計画を知り、イギリス公使オールコックへ停戦講和を願い出た。その後、長州へ向かうが攘夷派を押さえることが出来ず、次にイギリス艦に行き攻撃猶予を願うが叶わず、ついに下関へ四ヵ国連合艦隊の砲撃が始まった。一方、イギリスに残る3名は、薩摩藩の密航留学生である森有礼らと交遊し、遠藤は慶応2年（1866）、井上勝と山尾は明治元年（1868）に帰国する。

長州藩英国密航留学生
撮影者：不詳
撮影地：イギリス　ロンドン
撮影年：文久3年〜元治元年（1863〜1864）
画　像：鶏卵紙　91×58mm
　前列左より、井上馨、山尾庸三、後列左より、遠藤謹助、井上勝、伊藤博文。

長州藩イギリス密航留学生

山尾庸三 <small>やまお ようぞう</small>
撮影者：不詳
撮影年：明治2年〜明治5年頃（c1869〜c1872）
画　像：鶏卵紙　65×46mm
　長州藩士。イギリスでは造船所で働く傍ら、工学等を学ぶ。

伊藤博文（俊輔）<small>いとう ひろぶみ</small>
撮影者：東京印刷局
撮影年：明治10年代（1877〜1886）
画　像：鶏卵紙
　イギリス留学するも、長州での下関報復事件を知り、まもなく帰国した。

山尾庸三
撮影者：不詳
撮影年：明治10年代（1877〜1886）
画　像：鶏卵紙

長州藩イギリス密航留学生

井上勝（野村弥吉）<small>いのうえ　まさる</small>
撮影者：不詳
撮影年：明治4年〜明治10年頃
　　　　（c1871〜c1877）
画　像：鶏卵紙　52×42mm
　ロンドン大学で、鉱山・土木学を学ぶ。維新後は、鉄道事業にかかわる。

井上馨（志道聞多）<small>いのうえ　かおる</small>
撮影者：内田九一
撮影年：明治3年〜明治7年頃（c1870〜1874）
画　像：鶏卵紙
　イギリス留学するも、長州での下関報復事件を知り、伊藤博文とともにまもなく帰国した。

井上馨
撮影者：東京印刷局
撮影年：明治13年（1880）
画　像：鶏卵紙
　　　　112×86mm

第2回遣欧使節団

文久3年12月～元治元年7月（1863～1864）

　文久3年（1863）5月、馬関海峡を通るフランスの蒸気船キャンシャン号を、長州藩兵が陸上砲台から砲撃し損傷を与えた。キャンシャン号は、事情が分からずボートを出して陸に向かうがそのボートも銃撃され、水兵4名が死亡。同年9月、横浜郊外の井戸ヶ谷で騎馬通行中のフランス陸軍少尉アンリ・J・カミュが、数人の攘夷派の浪士に斬殺された。フランス政府は、キャンシャン号の賠償とカミュ殺害の謝罪に、日本から特使をフランスへ派遣するよう要請。幕府は、謝罪のために使節を派遣することは、攘夷派をさらに過激化させるため、名目は以前より提案されていた横浜鎖港の交渉を目的とするとして、フランスに34名の使節団を派遣した。使節団は同年12月に横浜を出港。上海、スエズ、アレクサンドリアを経由して翌年3月にマルセイユに入港し、数日後にパリに到着した。ナポレオン3世に謁見し、将軍の親書を捧呈。その後、フランス外務大臣ドルーアンと7回に及ぶ会談を行った。結果、カミュ事件に関しては、遺族に35,000ドルを支払うこと、キャンシャン号の賠償金は、幕府には100,000ドル、長州藩には40,000ドルが要求され、さらに馬関海峡の自由通行に、安全保障をも認めることとなった。そして、名目としていた横浜鎖港の同意は得られず、輸入時にかかる税金の軽減などを含めた3項の約定に調印し、7月に帰国する。

第2回遣欧使節団

池田長発（正使）（左）と大関半之助（池田長発の従者）（右）
いけだ　ながおき
撮影者：ナダール（ガスパール・フェリックス・トゥールナション）
撮影地：フランス　パリ
撮影年：元治元年（1864）
画　像：パリ写真保存機関が原板より鶏卵紙に焼付けたモダンプリント
　　　　鶏卵紙　229×200mm

　第2回遣欧使節団には、27歳で正使に任命された。出発前は攘夷論者であったが、初めて外国の文明を目の当たりにして、フランスに着くころにはすっかり開国論者になっていたという。フランス外相との会談では、必死に国情を述べ理解を求めたが、やはりかなわなかった。

大関半之助（汎之輔）（池田長発の従者）
おおぜき　はんのすけ

　文久元年（1861）に池田家の江戸屋敷の用人となり、その頃から大関の姓を名乗った。使節団には、40歳頃に池田長発の従者として随行した。

左より、河津祐邦（副使）、池田長発（正使）、河田熙（監察）
撮影者：ナダール（ガスパール・フェリックス・トゥールナション）
撮影地：フランス　パリ
撮影年：元治元年（1864）
画　像：パリ写真保存機関が原板より鶏卵紙に焼付けたモダンプリント
　　　　鶏卵紙　192×253mm

河田熙（監察）
かわだ　ひろむ

　文久2年（1862）に外国奉行支配組頭となり、翌年に目付監察として使節団に随行した。30歳の頃である。帰国後、鎖港の不可を幕府に建言し、やはり免職、閉門となる。その後、許されて開成所頭取、大目付となり、廃藩後は静岡藩少参事・学校掛を歴任。徳川家の家扶を務める。

ル　モンド　イリュストレ
1864年5月14日付（旧暦4月5日）
画　像：366×264mm
　フランスの絵入り新聞。

第2回遣欧使節団

甲冑姿の河津祐邦(副使)
撮影者：ナダール（ガスパール・フェリックス・トゥールナション）
撮影地：フランス　パリ
撮影年：元治元年（1864）
画　像：パリ写真保存機関が原板より鶏卵紙に焼付けたモダンプリント
　　　　鶏卵紙　268×205mm

甲冑姿立像の河津祐邦(副使)
かわづ　すけくに
撮影者：ナダール（ガスパール・フェリックス・トゥールナション）
撮影地：フランス　パリ
撮影年：元治元年（1864）
画　像：パリ写真保存機関が原板より鶏卵紙に焼付けたモダンプリント
　　　　鶏卵紙　238×203mm

　池田使節団副使。元治元年（1864）7月帰国するも逼塞。慶応2年（1869）3月、幕府歩兵頭並に復帰。慶応3年8月、最後の長崎奉行に就任。

田中光儀（廉太郎）(勘定格調役)
たなか　みつよし
撮影者：ナダール（ガスパール・フェリックス・トゥールナション）
撮影地：フランス　パリ
撮影年：元治元年（1864）
画　像：鶏卵紙　85×54mm

　幕臣。使節団には37歳頃に勘定格調役として随行した。

左より、谷津勘四郎（小人目付）、ナダールの息子ピエール、斉藤次郎太郎（徒目付）
撮影者：ナダール（ガスパール・フェリックス・トゥールナション）
撮影地：フランス　パリ
撮影年：元治元年（1864）
画　像：パリ写真保存機関が原板より鶏卵紙に焼付けたモダンプリント
　　　　鶏卵紙　243×197mm

谷津勘四郎（小人目付）やづ　かんしろう
　使節団には31歳の頃に随行した。田辺太一とともにフランス語の翻訳をした。

斉藤次郎太郎（徒目付）さいとう　じろうたろう
　使節団には34歳の頃に随行した。

第2回遣欧使節団

池田長発の従者
撮影者：ジャック・フィリップ・ポトー
撮影地：フランス　パリ
撮影年：元治元年（1864）
画　像：[左] 鶏卵紙　169×133mm
　　　　[右] 鶏卵紙　180×132mm

三宅秀（田辺太一の従者）みやけ　ひいず
撮影者：ジャック・フィリップ・ポトー
撮影地：フランス　パリ
撮影年：元治元年（1864）
画　像：鶏卵紙　186×128mm

幼少期より漢学、蘭学、英語、フランス語、ドイツ語を学び、15歳の頃に使節団に田辺太一の従者として随行。帰国後は、さらに英語やフランス語、医学を学ぶ。

薩摩藩イギリス密航留学生

元治2年3月～慶応3年7月（1865～1867）

　元治2年（1865）3月、薩摩藩は新納久脩、五代友厚、寺島宗則の3名の使節、及び町田久成ら15名の留学生、通訳の堀孝之らをヨーロッパに派遣した。幕府は渡航禁止令を出していたため、変名を使ってイギリス商人グラバーの援助を受け、イギリスに向かった。
　イギリスに到着したのち、一行は日本に滞在したことのあるローレンス・オリファントが下院議員をしていたため彼に面会した。寺島はイギリス外務省に、幕府の貿易独占排除と貿易の自由化を働きかけた。新納と五代は、外国市場の調査、紡績機械の発注、軍艦や武器の調査・購入を行っていた。
　新納らの到着を知ったベルギー貴族（フランス伯爵）モンブランらは、フランスの日本学者ロニーと、モンブランの従者斎藤健次郎（ジラール・ケン）を新納らのもとに派遣した。新納と五代は通訳の堀を連れ、早速、ベルギーに向かいモンブランと会った。この面会はベルギー商会を設立することと、パリ万博で薩摩藩が単独出品をする準備を約束したものであった。
　こうした動きをフランスにやってきた幕府使節の長である柴田剛中が察知したにもかかわらず不問に付したことにより、パリ万博の薩摩藩単独出品が可能となった。
　一方、町田ら留学生は主にイギリスの海陸軍学術習得を目指した。

薩摩藩イギリス密航留学生

五代友厚（視察員）
ごだい　ともあつ
撮影者：モール商会写真館
撮影地：イギリス　ロンドン
撮影年：元治2年〜慶応2年（1865〜1866）
画　像：鶏卵紙　91×58mm

　薩摩藩士。長崎海軍伝習所で学ぶ。藩の英国密航留学の際、ベルギーで貿易商社設立契約に携わる。明治元年（1868）に外国事務掛、初代大阪税関長。翌年に退官し、実業家に転身。

森有礼（留学生）もり ありのり
撮影者：アレック・ガードナー
撮影地：アメリカ ワシントン
撮影年：明治3年〜明治6年（1870〜1873）
画　像：鶏卵紙　151×100mm

　薩摩藩士。外国で維新を迎え外国官権判事、駐米少弁務使に就任。明治6年（1873）に帰国。

畠山義成（留学生）はたけやま よしなり
撮影者：モール商会写真館
撮影地：イギリス ロンドン
撮影年：慶応4年〜明治2年（1868〜1869）
画　像：鶏卵紙　90×58mm

　薩摩藩士。英国密航留学生のまま、フランス、アメリカにも渡り岩倉使節団と帰国。

森有礼
撮影者：丸木利陽か
撮影年：明治10年代（1877〜1886）
画　像：鶏卵紙

薩摩藩イギリス密航留学生

鮫島尚信（留学生）さめじま　なおのぶ
撮影者：清水東谷
撮影年：明治元年〜明治3年（1868〜1870）
画　像：鶏卵紙　90×54mm
　薩摩藩士。明治元年（1868）に帰国し新政府に出仕。

村橋直衛（留学生）むらはし　なおえ
撮影者：John & Charles Watkins.
撮影地：イギリス　ロンドン
撮影年：元治2年〜慶応2年（1865〜1866）
画　像：鶏卵紙　89×60mm
　イギリス留学後の慶応4年（1868）、加治木大砲隊監軍として、北越戦争を戦う。明治2年（1869）、箱館戦争を戦う。

鮫島尚信
撮影者：不詳
撮影年：明治10年頃（c1877）
画　像：鶏卵紙

パリ万国博覧会

慶応3年1月～明治元年11月（1867～1868）

　フランス公使ロッシュの誘いによって、日本が参加することになったこの博覧会は、慶応3年（1867）に開催された。日本が正式に世界博覧会に参加する最初のことである。幕府が、第2次長州征伐に失敗し諸藩から非難を浴び、その権威を失いつつある時期であった。慶応2年7月、14代将軍徳川家茂が大坂で死去し、12月に15代将軍に就任した慶喜は、日本の実質的主権が幕府にあることを各国に示す良い機会として、14歳の弟昭武を将軍名代として29名をパリへ派遣する。一行は、慶応3年1月11日に横浜を出港し、2月29日にマルセイユに到着。万博で幕府が出品する物やそれを扱う商人、現地で披露する手品師や曲芸師、江戸の柳橋の芸者3名は先に別の船で向かい、一行を出迎えた。昭武はナポレオン3世と会見を済ませ、日本の主権者が幕府にあることを示した。一方、薩摩藩はフランスの実業家（ベルギー貴族）モンブランを代理人とし、幕府とは別名義で別の会場を準備した。現地の新聞を使い、幕府が日本の統一主権者ではなく薩摩藩と同じ一封建大守であることを宣伝。さらに、琉球国の勲章を作りフランスの要人たちに贈る。当然、それを知った幕府側は抗議するが、結局、幕府側の会場には「日本大君政府」、薩摩藩側には「日本薩摩琉球国大守政府」と掲示され、会場には、二つの日の丸の旗が揚げられた。これにより、日本が連邦制の国であるという印象をヨーロッパの人々に与えた。

パリ万国博覧会

徳川昭武（徳川慶喜の名代）とくがわ あきたけ
撮影者：アンドレ・ディスデリ
撮影地：フランス　パリ
撮影年：慶応3年（1867）
画　像：鶏卵紙　139×99mm

　江戸のパリ万国博覧会に徳川慶喜の名代としてパリへ派遣された。博覧会が終わると、条約締盟国へ親善のためスイス、オランダ、ベルギー、イタリア、イギリスを周り、幕府の代表として各国の王と謁見。その後、大政奉還を知り新政府から帰国命令書が届く。明治元年（1868）12月に帰国。

徳川昭武（徳川慶喜の名代）
撮影者：アンドレ・ディスデリ
撮影地：フランス　パリ
撮影年：慶応3年（1867）
画　像：鶏卵紙　139×99mm

徳川昭武（将軍名代）
撮影者：アンドレ・ディスデリ
撮影地：フランス　パリ
撮影年：慶応3年（1867）
画　像：鶏卵紙

徳川昭武と水戸藩士
1867年4月27日付（旧暦3月23日）
画　像：385×265mm
フランスの絵入り新聞。

パリ万国博覧会

左から、山高信離、不詳
撮影者：ナダール（ガスパール・フェリックス・トゥールナション）
撮影地：フランス　パリ
撮影年：慶応3年（1867）
画　像：パリ写真保存機関が原板より鶏卵紙に焼付けたモダンプリント
　　　　250×205mm

山高信離（昭武の御傅役）やまたか　のぶつら
　使節団には、昭武の始終世話をする御傅役として随行した。途中、任を解かれて留学生と転じるが、大政奉還で召還され帰国。

岩下方平（博覧会御用家老）いわした　みちひら
撮影者：ペティテ
撮影地：フランス　パリ
撮影年：慶応2年〜慶応3年（1866〜1867）
画　像：鶏卵紙　92×54mm

　薩摩藩士。パリ万国博覧会では、「日本薩摩琉球国太守政府」の使節団長として薩摩藩士9名を率い、パリで反幕府運動を展開した。

佐野常民さの　つねたみ
撮影者：大蔵省印刷局か
撮影年：明治13年頃（c1880）
画　像：鶏卵紙　100×75mm

　佐賀藩士。パリ万博に随行し国際赤十字を見聞。明治元年（1868）に帰国。

箕作麟祥（留学生）みつくり　りんしょう
撮影者：大蔵省印刷局
撮影年：明治13年（1880）
画　像：鶏卵紙　81×50mm

　パリ万博に随行し仏留学。新政府に出仕し明治3年（1870）に制度取調局長官に就任。

パリ万国博覧会

田辺太一（外国奉行支配組頭）たなべ　やすかず
撮影者：不詳　撮影地：アメリカ　ワシントン
撮影年：明治5年頃（c1872）
画　像：鶏卵紙　87×55mm
　幕臣。第2回遣欧使節団（1863）、パリ万国博覧会（1867）に随行。岩倉使節団、台湾出兵で外交を補佐。

渋沢栄一（勘定格）しぶさわ　えいいち
撮影者：内田九一
撮影年：明治4年～明治7年頃（c1871～c1874）
画　像：鶏卵紙　83×52mm
　幕臣。パリ万博に随行。維新後は第一国立銀行の頭取に就任。実業家に転身する。

杉浦譲（外国奉行支配調役）すぎうら　ゆずる
撮影者：不詳
撮影地：フランス　パリ
撮影年：慶応3年（1867）
画　像：鶏卵紙　86×53mm
　甲府勤番士の子。外国奉行支配書物調役となりパリ万博に随行。維新後は推挙され民部省改正掛。前島密と郵便制度確立に尽力。後、駅逓正兼地理権正。

3人の柳橋芸者

　この博覧会で人気があったのは、日本茶屋だった。会場に藁葺き屋根の檜造りで、土間付き六畳の日本家屋を建て、そこで江戸柳橋の松葉屋の3人の芸者が、茶や酒を観客に振る舞った。キセルをふかしたり舞を踊ったりする姿を、当時の新聞が紹介している。その3人の芸者の内の1人「すみ」は、詳細は不明だが第2回遣欧使節団に、小間使いとして17歳の頃に随行しているようだ。残る2人は、「さと」と「かね」という名だった。

かね
画　像：鶏卵紙　245×195mm

かね
画　像：鶏卵紙　260×192mm

大人気の数寄屋造りの水茶屋

　渋沢栄一の口利きで使節団に随行した商人瑞穂屋（清水）卯三郎は数寄屋造りの水茶屋を展示し、すみ・かね・さとはお茶や味醂酒で欧米人をもてなした。田辺太一も慶応3年（1867）6月14日付報告書で、「卯三郎茶やも当月始めより開店、三婦人も列座、頗る繁昌いたし、日々の大入りにて御座候」（『徳川昭武滞欧記録』3）と、その繁盛ぶりを書いている。このような繁盛ぶりから、卯三郎はナポレオン3世から銀メダルを授与されている。

パリ万国博覧会

さと
画　像：鶏卵紙　260×189mm

すみ
画　像：鶏卵紙　259×200mm

さと
画　像：鶏卵紙　260×195mm

*　102～103頁の写真は
撮影者：ナダール（ガスパール・フェリックス・トゥールナション）
撮影地：フランス　パリ
撮影年：慶応3年（1867）
画　像：パリ写真保存機関が原板より鶏卵紙に焼付けたモダンプリント

岩倉使節団

明治4年〜明治6年（1871〜1873）

　明治4年（1871）、明治政府は岩倉具視を正使とする使節団と留学生を含め総勢107名を、アメリカとヨーロッパの国々へ派遣した。使節団の目的は、条約を結んでいる欧米諸国へ国書を呈出する事、近代文明の視察、そして幕府が締結した不平等条約を改正する予備交渉である。一行は、明治4年11月12日に米国太平洋郵船会社の蒸気船アメリカ号で、横浜港を出港。翌年1月にサンフランシスコへ到着した。その後、陸路でワシントンへ向かう。ワシントンでは条約改正問題の交渉をするが、天皇の委任状がないことを指摘され、伊藤博文と大久保利通が急きょ帰国。その間、木戸孝允が交渉を続けたがまとまらず、伊藤らが委任状を持って戻るが進展しなかった。

　ワシントンに8ヶ月ほど滞在した後、ボストンへ向かい大西洋に出てイギリス、フランス、ベルギー、オランダ、ドイツ、ロシア、デンマーク、スウェーデン、イタリア、オーストリア、スイスを周った。帰りは植民地となったセイロン、シンガポール、サイゴン、香港、上海などに寄港し、明治6年9月13日に帰国した。

岩倉使節団

岩倉具視と駐日弁理公使 C・E・デロング
いわくら　ともみ
撮影者：ブラッドリー&ルロフソン
撮影地：アメリカ　サンフランシスコ
撮影年：明治5年（1872）
画　像：鶏卵紙　147×100mm

　使節団では、特命全権大使として欧米へ赴いた。髷をシカゴで断髪している。

C・E・デロング
　使節団に同行し、通訳などの世話をした。

特命全権大使岩倉具視と副使たち
撮影者：ブラッドリー&ルロフソン
撮影地：アメリカ　サンフランシスコ
撮影年：明治5年（1872）
画　像：鶏卵紙　210×265mm

　左より、木戸孝允（副使）、山口尚芳（副使）、岩倉具視（特命全権大使）、伊藤博文（副使）、大久保利通（副使）。

岩倉使節団

日本側の委員として列席したＣ・Ｅ・デロングと使節団

撮影者：ブラッドリー＆ルロフソン
撮影地：アメリカ　サンフランシスコ
撮影年：明治5年（1872）
画　像：鶏卵紙　99×146mm

　左より、木戸孝允、山口尚芳、岩倉具視、Ｃ・Ｗ・ブルックス、Ｍ・Ｂ・ライス、Ｃ・Ｅ・デロング、伊藤博文、大久保利通。Ｃ・Ｗ・ブルックスは、使節団をサンフランシスコで出迎え、ワシントンでの日米会談に日本側の委員として列席。そのまま使節団に随行した。

岩倉具視（特命全権大使）
いわくら　ともみ
撮影者：不詳
撮影地：アメリカ
撮影年：明治5年頃（c1872）
画　像：鶏卵紙　90×53mm

　岩倉使節団の訪米中に断髪した後の洋装姿。1872年、ワシントンの弁務使館のゲストルームに、森有礼は上の写真と岩倉具視の衣冠束帯の出で立ちの写真（左写真とは別）を並べて、一つのフレームに収めた。これは明治の日本がいかに近代化された国かを示そうとしたようである。

岩倉具視
撮影者：不詳
撮影地：アメリカ
撮影年：明治4年（1871）
画　像：鶏卵紙

岩倉使節団

大久保利通（副使・参議兼内務卿）
おおくぼ　としみち
撮影者：ヌーナ　ブランク写真館
撮影地：フランス　パリ
撮影年：明治5年（1872）
画　像：鶏卵紙

　岩倉使節団に随行時にパリで撮影。パリの写真館では、少なくとも4カットを撮影し、多くの焼き増しを作らせたようである。

大久保利通
撮影者：不詳
撮影地：アメリカ・ワシントン
撮影年：明治4年〜明治5年頃（c1871〜c1872）
画　像：鶏卵紙　127×90mm

木戸孝允（副使・参議）
きど　たかよし
撮影者：不詳
撮影地：アメリカ　サンフランシスコ
撮影年：明治4年（1871）
画　像：鶏卵紙　135×90mm

　木戸の日記には、写真は岩倉使節団の大使一同が写真店にて撮ったと記されている。

桂小五郎（木戸孝允）
撮影者：内田九一
撮影年：慶応年間～明治4年頃（c1865～c1871）
画　像：鶏卵紙

桂小五郎（木戸孝允）
撮影者：不詳
撮影年：慶応年間～明治4年
　　　　（1865～1871）
画　像：鶏卵紙

岩倉使節団

伊藤博文
撮影者：内田九一
撮影年：明治3年～明治7年頃
　　　　（c1870～c1874）
画　像：鶏卵紙

伊藤博文（副使）
撮影者：不詳
撮影地：イギリス　ロンドン
撮影年：明治5～明治6年
　　　　（1872～1873）
画　像：鶏卵紙　90×59mm

前列左から、伊藤博文、大
隈重信、井上馨、後列左から、
中井弘、久世治作
撮影者：内田九一
撮影年：慶応4年～明治2年頃
　　　　（c1868～c1869）
画　像：鶏卵紙

村田新八（随行）むらた しんぱち
撮影者：不詳
撮影地：アメリカ　ニューヨーク
撮影年：明治5年（1872）
画　像：鶏卵紙　88×54mm
　薩摩藩士。岩倉使節団に随行。帰国後に西郷の下野を知り辞任。西南戦争では二番大隊指揮長。

山田顕義（理事官）やまだ あきよし
撮影者：不詳
撮影地：フランス　パリ
撮影年：明治5年〜明治6年（1872〜1873）
画　像：鶏卵紙　88×52mm
　長州藩士。岩倉使節団に随行し、主に軍制調査にあたる。

山田顕義
撮影者：東京印刷局
撮影年：明治10年代
　　　　（1877〜1886）
画　像：鶏卵紙

岩倉使節団

佐々木高行（理事官）ささき　たかゆき
撮影者：大蔵省印刷局
撮影年：明治13年（1880）
画　像：鶏卵紙　81×51mm
　土佐藩士。岩倉使節団では各国の司法制度を調査した。

福地源一郎（一等書記官）ふくち　げんいちろう
撮影者：チャンピー写真館
撮影地：フランス　パリ
撮影年：明治6年（1873）
画　像：鶏卵紙　92×56mm
　第1回遣欧使節団にも随行。江戸開城後「江湖新聞」を創刊。渋沢栄一の仲介で大蔵省出仕。岩倉使節団随行後、大蔵省を辞任。

牧野伸顕か（留学生）まきの　のぶあき
撮影者：メイオール写真館
撮影地：イギリス　ロンドン
撮影年：明治13年～明治17年（1880～1884）
画　像：鶏卵紙　92×57mm
　大久保利通の次男。岩倉使節団のアメリカ留学生。帰国後は東京大学で学び、外務省出仕。明治13年（1880）よりロンドンの日本公使館に駐在。明治15年に帰国しているため、この間に撮影されたものか。また、この写真は牧野と断定されたわけではない。

東久世通禧（理事官）
ひがしくぜ　みちとみ
撮影者：内田九一
撮影年：明治元年（1868）
画　像：鶏卵紙　80×48mm
　公家。この写真は森有礼に呈されたもの。

鍋島直大（留学生）
なべしま　なおひろ
撮影者：不詳
撮影年：明治10年頃（c1877〜c1886）
画　像：鶏卵紙　133×88mm
　佐賀藩第11代藩主。岩倉使節団で欧米留学を経て、外務省御用掛となる。

岩倉使節団

田中不二麿（理事官）
たなか ふじまろ
撮影者：不詳
撮影地：イギリス ロンドン
撮影年：明治10年代（c1877〜c1886）
画　像：鶏卵紙　55×37mm
　尾張藩士。新政府出仕で岩倉使節団に随行。後に文部大輔就任。

長与専斎（一等書記官）
ながよ せんさい
撮影者：フェークナー写真館
撮影地：ドイツ ベルリン
撮影年：明治5年（1872）
画　像：鶏卵紙　87×55mm
　岩倉使節団に随行し医学や衛生行政を視察。この写真はオランダのホフマンに呈された。

渡辺洪基（外務少記）
わたなべ ひろもと
撮影者：大蔵省印刷局
撮影年：明治13年（1880）
画　像：鶏卵紙　81×50mm
　福井藩士。岩倉使節団に随行後、一等書記官になる。

岩倉使節団の女子留学生

撮影者：不詳　　　　　　　撮影地：アメリカ・ワシントン
撮影年：明治5年（1872）　画　像：鶏卵紙　149×102mm

　左より、永井繁子、上田悌子、吉益亮子、津田むめ（梅子）、山川捨松。北海道開拓使次官の黒田清隆は、未開の地を開拓する技術を学ばせるためにアメリカへ留学生を送ることにした。その計画が政府主導となり、10年間の官費留学という形で、岩倉使節団に随行させ渡米させることとなる。留学生は、教養ある若い男女を募集し43名が選ばれた。その内、女子は5名の応募しかなく、その全員が選ばれた。彼女たちは、ワシントンで使節団一行と別れ、ジョージタウンの日本弁務使館書記官ランメンに預けられ、数ヶ月後に森有礼の指示でコネチカット州に移り、その後は別々の道に進んだ。

岩倉使節団

津田むめ（梅子） つだ むめ
撮影者：不詳
撮影地：アメリカ・ワシントン
撮影年：明治5年（1872）
画　像：鶏卵紙　97×55mm

　留学時は数え年で8歳である。明治33年（1900）に「女子英学塾」を東京麹町に開校する。津田塾大学の前身である。

上田悌子か うえだ ていこ
撮影者：不詳
撮影地：アメリカ・ワシントン
撮影年：明治5年（1872）
画　像：鶏卵紙　97×55mm

　第1回遣欧使節団に随行した上田友輔の娘。16歳の時に留学生となったが、体調不良のため吉益亮子とともに帰国。

永井繁子 ながい しげこ
　留学先ではヴァッサー大学音楽学校に入学。10年後、帰国。瓜生外吉と結婚。

吉益亮子 よします りょうこ
　眼病を患い10ヶ月余りで上田悌子と帰国。帰国後、女子英学教授所を設立。

山川捨松（咲子） やまかわ すてまつ
　会津藩の家老・山川尚江重固の娘。明治15年（1882）に帰国。その後、大山巌の後妻となり、流暢な英語と立ち振る舞いで鹿鳴館の華となる。

第 **3** 章
外国人の見た日本人

フェリーチェ・ベアト／チャールズ・パーカー
チャールズ・ウィード／アントニウス・ボードウィン

　フェリーチェ・ベアトは、1832年にイタリアのベネチアに生まれた。フェリーチェというそのファーストネームは、当時の新聞や文献を見ると、後にイギリス国籍に変えるためフェリックスとも呼ばれていたことが分かる。カメラレンズを初めて買ったのは、19歳の時といい、その後、写真術を習得してクリミア戦争やインド独立戦争、第2次アヘン戦争などの戦跡を撮影した。戦争の悲惨さをありのままに伝えたそれらの写真は、高い評価を得て、ベアトの名前は各国に知られることになる。
　ベアトが日本を訪れたのは、文久3年（1863）のことだった。開国したばかりの動乱期を迎えていた日本の様子は、報道写真家として腕を上げたベアトにとっては、興味深い被写体だったのかもしれない。横浜居留地に写真館を開業しそこを拠点として、当時の日本の様子を赤裸々に写真へ記録した。また、来日した各国の使節団や公使館、さらに外国人旅行者などに同行して各地を周り、日本の美しい風景やそこにいた人々の姿、そして日本の習慣などを撮影した。それらの写真の表現方法は、同じ横浜で開業していた下岡蓮杖や長崎の上野彦馬にも大きく影響を与えたようである。
　日本で撮影されたベアトの写真は、極東の日本を世界に紹介したことにより、写真史に大きな功績を残した。

外国人の見た日本人

武士三人
撮影者：フェリーチェ・ベアト
撮影年：文久3年〜明治2年（1863〜1869）
画　像：87×55mm

久留米藩有馬屋敷の上屋敷(左)と秋月藩黒田家の上屋敷(右)
撮影者:フェリーチェ・ベアト　撮影年:文久3年(1863)　画　像:鶏卵紙　190×240mm

カメラを見る秋月藩士たち(上写真の拡大)

外国人の見た日本人

三田の綱坂
撮影者：フェリーチェ・ベアト　撮影年：文久3年（1863）　画像：鶏卵紙　217×282mm
　右に見える長屋は肥前島原藩松平家の中屋敷で、現在の慶應義塾大学に位置する。

カメラを見る島原藩士たち（上写真の拡大）

奴凧を売る行商人
　画　像：鶏卵紙に手彩色　232×291mm

役人と茶屋の娘
　画　像：鶏卵紙に手彩色　271×216mm

＊122〜123頁の写真は
　撮影者：フェリーチェ・ベアト
　撮影年：文久3年〜明治2年（1863〜1869）

火消し　画　像：鶏卵紙に手彩色　250×242mm

外国人の見た日本人

傘をさす女
画　像：鶏卵紙に手彩色
　　　　279×216mm

冬の労働者
画　像：鶏卵紙に手彩色
　　　　239×194mm

母と子
画　像：鶏卵紙に手彩色
　　　　255×205mm

托鉢の尼僧
画　像：鶏卵紙に手彩色
　　　　260×205mm

子守りをする子供たち
画　像：鶏卵紙に手彩色
　　　　262×221mm

井戸水を汲む娘
画　像：鶏卵紙に手彩色
　　　　256×210mm

露店
画　像：鶏卵紙に手彩色
　　　　204 × 243mm

＊124 〜 125 頁の写真は
撮影者：フェリーチェ・ベアト
撮影年：文久3年〜明治2年
　　　　（1863 〜 1869）

荷車で荷物を運ぶ男たち
画　像：鶏卵紙に手彩色
　　　　208 × 265mm

日本の労働馬
画　像：鶏卵紙に手彩色
　　　　160 × 224mm

外国人の見た日本人

飛脚
画　像：鶏卵紙に手彩色
　　　　87×54mm

街路掃除人
画　像：鶏卵紙に手彩色
　　　　90×55mm

人足
画　像：鶏卵紙に手彩色
　　　　90×54mm

冬の労働者
画　像：鶏卵紙に手彩色
　　　　87×55mm

野菜売りの老女
画　像：鶏卵紙に手彩色
　　　　90×55mm

水を撒く女
画　像：鶏卵紙に手彩色
　　　　90×54mm

荷車をひく男たち
画　像：鶏卵紙に手彩色
54 × 81mm

＊126～127頁の写真は
撮影者：フェリーチェ・ベアト
撮影年：文久3年～明治2年
　　　（1863～1869）

駕籠
画　像：鶏卵紙に手彩色
55 × 87mm

笛を吹いて客を
呼ぶ按摩
画　像：鶏卵紙に手彩色
254 × 204mm

按摩　画　像：鶏卵紙に手彩色　55 × 73mm

外国人の見た日本人

金沢の渡し舟
　画　像：鶏卵紙に手彩色
　　　　216×267mm

片瀬海岸か
　画　像：鶏卵紙に手彩色
　　　　235×290mm

駕籠に乗る外国人
撮影者：フェリーチェ・ベアト　撮影年：明治5年（1872）
画　像：鶏卵紙に手彩色　191×241mm

　左の駕籠にはロングフェローが、右の駕籠にはタイラー将軍とともに世界旅行をして日本へ立ち寄っていたアルフレッド・ジェサップが乗っている。ロングフェローに誘われて富士登山に出掛けたようだ。

駕籠かき
画　像：鶏卵紙に手彩色　209×269mm

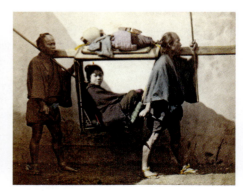

駕籠かき
画　像：鶏卵紙に手彩色　55×80mm

外国人の見た日本人

琵琶湖の畔の石山寺
画　像：鶏卵紙
　　　　222×297mm

＊128の下写真2枚と129頁の写真は
撮影者：フェリーチェ・ベアト
撮影年：文久3年～明治2年（1863～1869）

東海道
画　像：鶏卵紙
　　　　224×286mm

隅田川の舟遊び
撮影者：不詳
撮影年：1870年代
画　像：鶏卵紙

　屋形舟は花見、納涼、月見、雪見と四季の行楽を楽しんだ。屋根の上に芸者がいるのは、外国向けに風俗を紹介するためだろう。

外国人の見た日本人

髪結い
画 像：鶏卵紙に手彩色
88 × 55mm

子守り
画 像：鶏卵紙に手彩色
87 × 55mm

旅芸人
画 像：後に日下部金兵衛によるプリント
鶏卵紙に手彩色
254 × 206mm

宴
画 像：鶏卵紙に手彩色
53 × 78mm

化粧する女
画 像：鶏卵紙に手彩色
54 × 78mm

＊132〜133頁の写真は
撮影者：フェリーチェ・ベアト
撮影年：文久3年〜明治2年
　　　　（1863〜1869）

外国人の見た日本人

花を持つ女性
画　像：鶏卵紙に手彩色
88×55mm

椅子に座り微笑む女性
画　像：鶏卵紙に手彩色
87×54mm

姉妹
画　像：鶏卵紙に手彩色
88×55mm

琴と三味線の稽古
画　像：鶏卵紙に手彩色　54×86mm

相撲の力士たち
画　像：鶏卵紙に手彩色　203×254mm

キセルを持つオリキ
画　像：鶏卵紙に手彩色　91×55mm
　ベアトはこの写真で日本人の普段の座り方を紹介している。

夕立
撮影者：不詳
撮影年：明治前期
画　像：鶏卵紙に手彩色
　突風にあおられた俄雨、乱れた裾の緋の蹴出。女の艶めいた姿態に、匂うような色香が漂う。

外国人の見た日本人

京都の女性
撮影者：フェリーチェ・ベアト
撮影年：文久3年〜明治10年（1863〜1877）
画　像：鶏卵紙に手彩色　240×179mm

お寿司のご馳走

撮影者：不詳
撮影年：明治前期
画　像：鶏卵紙に手彩色

　寿司が一般に普及するまでには、かなりの時がかかった。魚を用いて一緒に食したのは慶長年間ともいわれる。関西の「熟れずし」は時間をかけて熟成させ、江戸の「早ずし」は速成であり、「握り」の前ぶれに「巻きずし」が現れた。

外国人の見た日本人

髪の装い　画像：鶏卵紙に手彩色

女の装い　画像：鶏卵紙に手彩色

外国人の見た日本人

女の素顔
画　像：鶏卵紙に手彩色
　つぶし島田に黒繻子の襟。謎めいた微笑みのなかに、艶っぽさが光る。

京都・島原の花魁
画　像：鶏卵紙に手彩色
　上位の遊女たち。豪華な装いが重いので、男衆の肩に手をやり、バランスをとりながら高下駄で八の字を描いて歩く。

＊138〜139頁の写真は
撮影者：不詳
撮影年：1880年代

長唄の囃子方
画　像：鶏卵紙に手彩色
　囃子は歌舞伎における劇場音楽として発展した。演技の調子をとり気分を盛りたてる。座る高い台を山台（やまだい）、下は下方（しもかた）という。

床屋
画 像：鶏卵紙に手彩色　90×54mm

＊140〜141頁の写真は
撮影者：フェリーチェ・ベアト
撮影年：文久3年〜明治2年（1863〜1869）

外国人の見た日本人

ソロバンを持つ男
　画　像：鶏卵紙に手彩色　246×180mm

ベアトの写真館で働いていた
絵付け師の夏の装い
　画　像：鶏卵紙に手彩色　91×53mm

ベアトの写真館の
絵付け師たち
　画　像：鶏卵紙に手彩色
　　　　　55×77mm
　ベアトの写真館で働
いていた絵付け師たち
が、写真に筆を使い、
彩色する作業（手彩色）
をしている。

薩摩藩士
撮影年：慶応4年頃（c1868）
画　像：鶏卵紙に手彩色　203×254mm

＊142〜143頁の写真は
撮影者：フェリーチェ・ベアト

外国人の見た日本人

頭巾をかぶった役人
撮影年：文久3年〜明治2年（1863〜1869）
画　像：鶏卵紙に手彩色：87×55mm

裃姿の役人
撮影年：文久3年〜明治2年
　　　（1863〜1869）
画　像：鶏卵紙に手彩色　83×55mm

馬鞭と陣笠を持った侍
画　像：鶏卵紙に手彩色
　　　　91×53mm

扇子を広げる役人
画　像：鶏卵紙に手彩色
　　　　92×53mm

剣道
撮影年：文久3年～明治10年
　　　　（1863～1877）
画　像：鶏卵紙に手彩色
　　　　85×54mm

役人の階級
画　像：鶏卵紙に手彩色　53×76mm

外国人の見た日本人

馬に乗った侍
画　像：鶏卵紙に手彩色
　　　　83×55mm

＊144頁「剣道」以外の144〜145頁の写真は
撮影者：フェリーチェ・ベアト
撮影年：文久3年〜明治2年（1863〜1869）

喪に服す上流階級の未亡人とその息子
画　像：鶏卵紙に手彩色　91×54mm

貴族階級の家族
画　像：鶏卵紙に手彩色　89×54mm

＊146頁の写真は
撮影者：フェリーチェ・ベアト
撮影年：文久3年～明治2年
　　　（1863～1869）

武士の家族
画　像：鶏卵紙に手彩色　88×55mm

外国人の見た日本人

奉行所の役人たち
撮影者：チャールズ・パーカー
撮影年：文久3年〜明治2年（1863〜1869）
画　像：鶏卵紙に手彩色　55×74mm

大名家
撮影者：チャールズ・パーカー
撮影年：文久3年〜明治2年（1863〜1869）
画　像：鶏卵紙に手彩色　55×83mm

火消し
画　像：鶏卵紙に手彩色　88×55mm

短髪の塾生
画　像：鶏卵紙に手彩色　90×55mm

＊148〜149頁の写真は
撮影者：フェリーチェ・ベアト
撮影年：文久3年〜明治2年
　　　（1863〜1869）

中津藩　奥平昌邁
画　像：鶏卵紙に手彩色
　　　　254×200mm
宇和島藩主伊達宗城3男。

外国人の見た日本人

斬首の刑
画　像：鶏卵紙に手彩色　90×55mm

罪人の取調べ
画　像：鶏卵紙に手彩色　55×87mm

外国人の見た日本人

大道ばくち

撮影者：不詳
撮影年：1860年代
画　像：鶏卵紙に手彩色

　小銭から始まり、夢中になると稼ぎの日銭を全部賭ける。負けが込むと身の破綻が待っている。

「富士講」の信者
撮影者：不詳
撮影年：1880年代
画　像：鶏卵紙に手彩色

　霊峰富士を信仰する「富士講」の信者は、清浄な白衣をまとい、金剛杖を手に「六根清浄」を唱えながら登拝するのが習わしとなった。

子供の集団
撮影者：不詳
撮影年：1880年代
画　像：鶏卵紙に手彩色

　カメラに向けたいぶかしい表情、好奇の眼。素朴な子供の様子がありありと窺える。

外国人の見た日本人

またぎ

撮影者：不詳　撮影年：明治初期　画像：鶏卵紙に手彩色

　東北地方を中心に古い伝統をもつ「やまだち」と呼ばれる猟師の仲間たち。彼らには古式による厳格な狩りの掟があり、山中では隠語を用い外部には絶対口外しなかった。

第4章
写真が綴った幕末史

写真が綴った幕末史／幕末維新の英雄たち／幕末の四侯最後の将軍
幕末の大名たち／幕末の幕臣たち／幕末の皇族・公家たち
幕末に来日した外国人／上野彦馬の世界／下岡蓮杖の世界

　第4章は幕末の事件や幕末を生きた人物たちの写真を紹介していく。
　安政5年（1858）の日米修好通商条約により、日本は開国を迎え、多くの外国人が来日するようになった。そのなかの外国人カメラマンたちは、日本という「未知の国」を写真に収め、それが世界に日本に広がっていった。やがて、写真技術は日本人にも広がり、日本人も写真を撮影するようになった。
　この章では、まず外国人が見た日本の攘夷運動、とりわけ生麦事件や下関戦争（馬関戦争）に焦点をあてる。外国人カメラマンたちは、日本で起こった戦争を初めて写真に収めた。外国人が殺傷される中で、命がけの撮影に取り組んだのである。
　次に、幕末・維新期に活躍した幕臣や大名、諸藩士、公家などの姿を見ていく。幕末から明治にかけて日本を変えていく、躍動した時代の息吹を写真から感じ取ってほしい。

写真が綴った幕末史

双眼鏡を持つ武士
撮影者：日登見
撮影地：京都か
撮影年：慶応年間（1865〜1868）
画　像：ガラス湿板写真

ピストルを持ち、ブーツを履いた武士
撮影者：信夫左津馬
撮影年：慶応元年（1865）
画　像：ガラス湿板写真

写真が綴った幕末史

水戸藩士　与力　信一
撮影者：信夫左津馬
撮影年：慶応元年（1865）
画　像：ガラス湿板写真

　出陣が決まり、家族のために写真を残したことが箱書きされている。

松本良順と長崎医学伝習所の学生たち
撮影者：ピエール・ロシエ
撮影年：万延元年〜文久2年
　　　　（1860〜1862）
画　像：ガラス湿板写真
　　　　62×66mm

長崎の武士たち
撮影者：アントニウス・ボードウィン（ボードワン）
撮影年：幕末
画　像：湿板・鶏卵紙　170×127mm

　幕府の鎖国令にもかかわらず、長崎では不法入港、密輸、異宗教の進出などの取り締まりに追われた。その防備のため隣藩より約4万名を動員した。休息日に同役が打ち揃っての記念撮影か。

写真が綴った幕末史

長崎の唐物商人
撮影者：：アントニウス・ボードウィン（ボードワン）
撮影年：幕末
画　像：湿板・鶏卵紙　130×80mm
　唐船の禁制品と密輸取り締まりは厳重を極め、荷捌きは鑑札をもつ貿易商とその下部の特定人に許可された。彼らの懐は儲けの金で膨らみ、ギヤマングラスで飲む今日の酒はとりわけ美味い。

緒方惟準と松本銈太郎の壮行会

撮影者：アントニウス・ボードウィン
　　　　（ボードワン）
撮影年：慶応2年頃（c1866）
画　像：鶏卵紙　158×210mm

　慶応2年（1866）7月、ボードウィン医師は、精得館（長崎養生所）の教頭を離任して、化学者ハラタマと一緒に江戸に向かうが、離任を前に精得館に近い大徳寺の境内で、学生たちと記念撮影を行った。後任のマンスフェルト医師は同年10月に日本に到着。引継ぎを終えたボードウィン医師は12月にバタビアに行き、翌年3月まで休暇を楽しんだ。
　この写真は弟の長崎領事ボードウィンが中央の石畳みに座り、兄ボードウィン医師は、写真撮影を助手に指示したため、右端に立っているとされるが、マンスフェルトのようにも見える。ボードウィン領事の右が松本銈太郎、そしてその後ろで扇子を持って立っているのが緒方惟準。兄ボードウィン医師はほとんど荷物を積み込んでしまっていたので、写真機械は使えなかった。また、兄ボードウィン医師の財産はバタビア行きの船が沈没して台無しになる。この写真は兄ではなく、弟のボードウィン領事が所蔵していた写真機材で撮ったとみる方がよい。女性たちは壮行会に呼んだ芸者たちだと思われる。

写真が綴った幕末史

写真が綴った幕末史

勝海舟とアメリカ公使ヴァン・ヴァルケンバーグと幕臣たち

撮影者：チャールズ・ウィード
撮影年：慶応3年（1867）
画　像：鶏卵紙

　後列左から、ヴァン・ヴァルケンバーグ、軍艦奉行・勝海舟、マントン・P・L・ギートマスか、外国奉行支配組頭・松平太郎。前列左から、外国奉行並・石川重敬、老中格海軍総裁・稲葉正巳、外国奉行・江連堯則。

　ヴァルケンバーグ（1821～1888）は、弁理公使として慶応2年から明治2年（1866～1869）まで来日した。慶応3年4月に徳川慶喜に謁見し国書を提出したとされる。この写真は、その年に江戸で撮影された。翌年には他国の外交官とともに王政復古の通告を受け、次は明治天皇に謁見することとなる。

生麦事件の現場
撮影者：フェリーチェ・ベアト
撮影年：元治元年（1864）
画　像：鶏卵紙に手彩色　55×87mm

　文久2年（1862）8月21日に、イギリスの商人リチャードソンが、東海道生麦村で薩摩藩の行列を馬で横切ったとして殺害された現場である。

写真が綴った幕末史

生麦事件とは
　文久2年、江戸から戻る途中の島津久光（薩摩藩主島津茂久の父）一行が京都へ向けて東海道を行列していた。そこにイギリス商人リチャードソンら4名が突っ込んでしまった。これを無礼討ちした事件が生麦事件である。またこれにイギリスが報復する形で文久3年に起こったのが薩英戦争である。薩摩藩はこの戦争の敗北により、イギリスから多くのことを学ぼうと秘密裏に留学生を派遣することを決定するのである。

下関前田砲台を占拠したイギリス軍
撮影者：フェリーチェ・ベアト
撮影年：元治元年（1864）
画　像：鶏卵紙　203×256mm

下関戦争とは

　下関戦争とは長州藩が諸外国と文久3年（1863）と翌年の2度にわたって衝突した戦いである。文久3年に、長州藩はフランス軍艦、アメリカ商船、オランダ軍艦などを砲撃した。その報復がフランス、アメリカによって行われたのが1回目の衝突である。2回目の衝突は長州藩が「下関海峡封鎖」を行ったことに端を発し、イギリス・フランス・アメリカ・オランダの4カ国がこれでは貿易にも影響するということで長州藩に攻撃をしかけて起こった戦争である。さらに、幕府の長州征伐もあり、長州藩が追い込まれる中、高杉晋作が奇兵隊を組織する。

イギリス軍艦「バロッサ」号艦長

撮影者：フェリーチェ・ベアト
撮影年：元治元年（1864）
画　像：鶏卵紙　88×54mm

　バロッサ号艦長であるならば、ウィリアム・ドウェル海軍大佐（1825～1912）である。バロッサ号はジェイソン級の木造スクリュー・コルベットで排水量2302トン、長さ68.58m、幅12.39m、喫水5.79m、試運転速度11.5ノット、積載トン数1700トン、馬力400馬力、乗員数240名、備砲は計21門からなるアームストロング砲である。
　バロッサ号は伊藤俊輔（博文）と井上聞多（馨）が停戦を呼びかけるため、オールコックの書簡をもって横浜から長州へ移動するときに使用した船としても知られる。

下関沿岸に停泊する四国連合艦隊

撮影者：フェリーチェ・ベアト
撮影年：元治元年（1864）
画　像：鶏卵紙　200×289mm

　主力艦はイギリス旗艦ユーリアラス号（キューパー提督）、フランス旗艦セミラミス号（ジョレス提督）、イギリス軍艦コンカラー号である。この戦争には戦艦17隻、総員約5000人が動員されたといわれる。

下関前田砲台を占拠したイギリス軍（拡大写真）
撮影者：フェリーチェ・ベアト
撮影年：元治元年（1864）
画　像：鶏卵紙　200×289mm

　元治元年（1864）8月、前田茶屋砲台を占拠したイギリス軍。下関から長府城に入る海陸の要地、前田村には、高低2段に砲台が設置されており、写真は低台場の占拠の場面である。高台場はフランス軍に占拠されている。大砲は戦利品として接収された。

写真が綴った幕末史

下関沿岸に停泊する四国連合艦隊（拡大写真）
撮影者：フェリーチェ・ベアト
撮影年：元治元年（1864）
画　像：鶏卵紙　200×289mm

　この船はイギリス船で、唯一の木造スクリュー戦列艦コンカラー号だと思われる。コンカラーは四国連合艦隊の中では最大の艦で、セント・ジョージ級89門の戦列艦ウォータールーを1862年にコンカラーと改名した。初代コンカラー（積載トン数3225トン）は1861年のメキシコ戦争の際にバハマ諸島のラム・ケイで難破した。それゆえ、ウォータールーが2代目コンカラーとなった。
　ウォータールーは1833年、チャタム工廠で進水。1859年には蒸気機関が取り付けられ、積載トン数2694トン、長さ62.624m、幅16.61m、馬力500馬力、速度9.9ノット。砲門は89あったが、下関戦争時は48門で砲の内訳は不明。乗組員は605名。下関戦争は、ウィリアム・ルアード海軍大佐（1820～1910）が指揮した。コンカラーは1866年に退役となっている。

坂本龍馬 さかもと りょうま
撮影者：上野彦馬（井上俊三か）
撮影年：慶応2年〜慶応3年（1866〜1867）
画　像：鶏卵紙　125×80mm

　土佐藩郷士。「薩長同盟」を斡旋し「船中八策」を策定。京都の近江屋で暗殺される。この写真は最近では、上野彦馬の写真館で、土佐出身で一時彦馬の弟子であった井上俊三によって撮影されたものといわれるようになっている。

幕末維新の英雄たち

勝海舟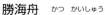
撮影者：内田九一
撮影年：明治3年（1870）
画　像：鶏卵紙　90×54mm
　幕臣。遣米使節団に咸臨丸で随行。戊辰戦争では軍事総裁。江戸城無血開城を成す。

勝海舟
【右上】
撮影者：内田九一
撮影年：明治4年（1871）
【右下】
撮影者：内田九一
撮影年：慶応年間〜明治2年頃
　　　　（c1865〜c1869）
画　像：鶏卵紙

後藤象二郎
撮影者：上野彦馬
撮影年：慶応2年〜慶応3年
　　　　（1866〜1867）
画　像：鶏卵紙

後藤象二郎　　ごとう　しょうじろう
撮影者：上野彦馬（井上俊三か）
撮影年：慶応2年〜慶応3年（1866〜1867）
画　像：鶏卵紙
　土佐藩士。土佐前藩主山内容堂を説得して、土佐藩より大政奉還の建白書を幕府に提出。そしてそれを徳川慶喜に実現させた。

後藤象二郎
撮影者：内田九一
撮影年：慶応4年〜明治4年頃
　　　　（c1868〜c1871）
画　像：鶏卵紙　91×54mm

幕末維新の英雄たち

西郷隆盛 さいごう たかもり
撮影者：不詳
作成年：明治40年（1907）にキヨソーネが
　　　　描いた絵の複写
画　像：138×95mm

　薩摩藩士。絵の下部には、没後30年に「故西郷隆盛翁之寫真也　明治四十年九月廿三目　謹識　大山巌　伊東祐亨　東郷平八郎」と書かれている。

大久保利通 おおくぼ としみち
制作者：エドアルド・キヨソーネ
制作年：明治12年（1879）
画　像：銅版画　513×393mm

　薩摩藩士。岩倉具視とともに王政復古の大号令を断行。富国強兵や殖産興業を推進した。

岩崎弥太郎と妻・喜勢
いわさき　やたろう　（きせ）
撮影者：不詳
撮影年：慶応2年〜明治2年頃
　　　　（c1866〜c1869）
画　像：鶏卵紙
　　　　93×121mm

　土佐藩郷士。明治6年（1873）に三菱商会を創立。政府の保護を受け海運業を独占。軍需輸送や鉱山、荷為替、造船で後の三菱財閥を築く。

中原猶介　　なかはら　ゆうすけ
撮影者：Ａ・Ｊ・ボードウィン
作成年：慶応年間頃（c1865～c1868）
画　像：鶏卵紙に手彩色　81×55mm
　薩摩藩藩士。薩摩藩の軍制改革や軍事訓練にあたった。戊辰戦争では、海軍参謀をつとめたが、長岡戦争で負傷後、死去。

幕末維新の英雄たち

大久保一翁 おおくぼ いちおう
撮影者：不詳
撮影年：明治2年～明治5年頃
　　　　（c1869～c1872）
画　像：鶏卵紙　89×55mm
　幕臣。外国奉行、大目付、御側御用取次を歴任。

中岡慎太郎 なかおか しんたろう
撮影者：堀与兵衛
撮影年：慶応2年（1866）
画　像：鶏卵紙　128×88mm
　　　　明治後期発行の絵葉書より
　薩長同盟締結に尽力。坂本龍馬を訪問中に襲撃され死去。

広沢真臣と甥 ひろさわ さねおみ
撮影者：内田九一
撮影年：明治3年（1870）
画　像：鶏卵紙　84×54mm
　長州藩士。第2次長州征伐で勝海舟と休戦協定を結ぶ。

大久保一翁
撮影者：内田九一
撮影年：明治5年前後
　　　　（c1870～c1874）
画　像：鶏卵紙

石田英吉 いしだ えいきち
撮影者：不詳
撮影年：慶応3年～明治4年頃
　　　　（c1867～c1871）
画　像：鶏卵紙　82×54mm
　土佐藩医の子。新政府では、農務省次官に就任。

福岡孝弟 ふくおか たかちか
撮影者：大蔵省印刷局
撮影年：明治13年（1880）
画　像：鶏卵紙　81×51mm
　土佐藩士。「五箇条の御誓文」「政体書」の起草に携わる。

花房義質 はなぶさ よしもと
撮影者：不詳
撮影地：ロシア　サンクトペテルブルグ
撮影年：明治7年（1874）
画　像：鶏卵紙　91×55mm
　岡山藩士。初代駐朝鮮公使、駐露特命全権公使。

渡辺昇 わたなべ のぼる
撮影者：不詳
撮影年：明治2年～4年頃
　　　　（c1869～C1871）
画　像：鶏卵紙　70×51mm
　大村藩士。長州藩を龍馬に引き合わせ薩長同盟成立に尽力。

大隈重信 おおくま しげのぶ
撮影者：横山松三郎
撮影年：明治4年頃（c1871）
画　像：鶏卵紙
　　　　172×113mm
　佐賀藩士。東京専門学校（早稲田大学の前身）を開設。

島田一郎 しまだ いちろう
撮影者：不詳
撮影年：明治4年～明治11年
　　　　（1871～1878）
画　像：銅版画　63×45mm
　加賀藩士。大久保利通を暗殺後に自首。斬首刑。

土方久元 ひじかた ひさもと
撮影者：大蔵省印刷局
撮影年：明治13年（1880）
画　像：鶏卵紙　82×51mm
　土佐藩士。坂本龍馬らと「薩長同盟」の実現に尽力。

大隈重信
撮影者：東京印刷局
撮影年：明治10年代
　　　　（c1878～1886）
画　像：鶏卵紙

幕末維新の英雄たち

寺島宗則 てらじま　むねのり
撮影者：大蔵省印刷局
撮影年：明治13年（1880）
画　像：鶏卵紙　82×50mm
　遣欧使節団に随行。維新後は外交官となる。

黒田清隆 くろだ　きよたか
撮影者：大蔵省印刷局
撮影年：明治13年（1880）
画　像：鶏卵紙に手彩色
　　　　121×89mm
　薩摩藩士。薩英戦争に参加。第2代内閣総理大臣。

陸奥宗光 むつ　むねみつ
撮影者：大蔵省印刷局か
撮影年：明治11年～明治19年
　　　　（1878～1886）
画　像：84×54mm
　紀州藩士。海援隊に参加後、外交官で活躍。

大木喬任 おおき　たかとう
撮影者：大蔵省印刷局
撮影年：明治13年（1880）
画　像：81×52mm
　佐賀藩士。「東京奠都」に尽力。

松田道之 まつだ　みちゆき
撮影者：大蔵省印刷局
撮影年：明治13年（1880）
画　像：81×50mm
　鳥取藩士。「琉球処分官」として「琉球県」を置いた。

上野景範 うえの　かげのり
撮影者：内田九一
撮影年：明治2年（1869）
画　像：76×54mm
　薩摩藩士。元老院議官。

板垣退助　いたがき　たいすけ
撮影者：不詳
撮影年：明治15年〜明治20年頃
　　　　（c1882〜c1887）
画　像：81×52mm

　土佐藩士。戊辰戦争では東山道先鋒総督府の参謀。「自由民権運動を推進した。

前原一誠　まえばら　いっせい
撮影者：不詳
撮影年：明治2年〜明治9年
　　　　（1869〜1876）
画　像：62×45mm

　長州藩士。長州征伐や戊辰戦争で活躍。萩の乱を起こし斬首刑に処される。

江藤新平　えとう　しんぺい
撮影者：不詳
撮影年：明治3年〜明治7年頃
　　　　（c1870〜c1874）
画　像：鶏卵紙

　佐賀藩士。参議兼初代司法卿として司法制度の整備や四民平等の推進に尽力した。

板垣退助
撮影者：不詳
撮影年：明治初期
画　像：鶏卵紙

佐賀の乱と萩の乱

　明治7年（1874）、佐賀藩の不平士族が結成した征韓論を強硬に唱える「征韓党」は、征韓論争に敗れ帰郷した江藤新平を首領とし、「憂国党」と合体。そして、佐賀県庁を占拠し、佐賀城に駐留する熊本鎮台部隊や、政府軍と交戦するが、大久保利通を全権とする鎮圧軍に1ヶ月ほどで鎮圧された。乱後の裁判で、江藤新平と憂国党首領の島義勇はさらし首とされたほか、11名の斬罪と130名の懲役の判決が下る（佐賀の乱）。

　明治9年、徴兵令に反対し辞職に追い込まれた兵部大輔の前原一誠は、萩へ帰郷し藩校「明倫館」を拠点を拠点に不平士族を集め「殉国軍」を挙兵した。しかし、乱は1週間ほどで鎮圧され、前原を含む首謀者8名は斬首された（萩の乱）。

幕末維新の英雄たち

山縣有朋 やまがた ありとも
撮影者：不詳
撮影年：明治5年頃（c1872）
画　像：70×51mm
　長州藩士。「奇兵隊」創設に参加。第3代、9代内閣総理大臣。

副島種臣 そえじま たねおみ
撮影者：不詳
撮影年：慶応4年～明治4年頃
　　　　（c1868～c1871）
画　像：49×34mm
　佐賀藩士。第4代松方内閣の内務大臣に就任。

楠本正隆 くすもと まさたか
撮影者：不詳
撮影年：明治5年～明治10年頃
　　　　（c1872～c1877）
画像：58×45mm
　肥前大村藩士。尊攘討幕運動で活躍。日本初の市民公園「白山公園」を創設した。

高島鞆之助 たかしま とものすけ
撮影者：大蔵省印刷局
撮影年：明治13年（1880）
画　像：81×51mm
　薩摩藩士。西南戦争では政府軍別働第1旅団司令官。

川村純義 かわむら すみよし
撮影者：不詳
撮影年：明治10年代
　　　　（1877～1886）
画　像：67×44mm
　薩摩藩士。西南戦争では海軍総司令官。

高橋是清 たかはし これきよ
撮影者：不詳
撮影地：アメリカ
撮影年：慶応3年（1867）
画　像：89×55mm
　仙台藩士。第20代内閣総理大臣。

城山の堡塁より鹿児島市街および桜島を望む
撮影者：上野彦馬　撮影年：明治10年（1877）　画　像：215×540mm

城山の堡塁
撮影者：上野彦馬
撮影年：明治10年（1877）
画　像：215×270mm

西南戦争

　西南戦争は「征韓論」で敗れた西郷隆盛たちによって明治10年（1877）に引き起こされた戦争である。戦場は宮崎や熊本にも広がった。田原坂の戦いが最大の戦いで、西郷軍が敗北した。この後も転戦が続くも、西郷は最後に城山に立てこもり、政府軍の総攻撃を受けて、自刃した。この後、武器ではなく口論でもって戦う「自由民権運動」が展開されることとなった。

城山より鹿児島市街の南部を望む
撮影者：上野彦馬
撮影年：明治10年（1877）
画　像：215×270mm

幕末維新の英雄たち

桐野利秋 きりの としあき
撮影者：不詳
撮影年：明治初期
画　像：鶏卵紙
　薩摩藩士。西南戦争では、薩軍の四番大隊長兼総指揮長。城山で戦死。

永山弥一郎 ながやま やいちろう
撮影者：不詳
撮影年：明治初期
画　像：鶏卵紙
　薩摩藩士。西南戦争では、薩軍の三番大隊長。御船の戦いで敗れ、自刃。

別府晋介 べっぷ しんすけ
撮影者：不詳
撮影年：明治初期
画　像：鶏卵紙
　薩摩藩士。西南戦争では、薩軍の六番七番連合大隊長。城山で西郷の切腹を介錯し、自刃。

樺山資紀 かばやま すけのり
撮影者：東京印刷局
撮影年：明治10年代
　　　　（1877〜1886）
画　像：鶏卵紙
　薩摩藩士。西南戦争では、政府軍の熊本鎮台参謀長として籠城戦を指揮した。

谷干城 たに たてき
撮影者：東京印刷局
撮影年：明治10年代
　　　　（1877〜1886）
画　像：鶏卵紙
　土佐藩士。西南戦争では熊本鎮台司令長官として、熊本城を守った。

野津道貫 のづ みちつら
撮影者：不詳
撮影年：明治10年代
　　　　（1877〜1886）
画　像：鶏卵紙
　薩摩藩士。西南戦争では、政府軍の第2旅団参謀長として出陣。

三浦梧楼 みうら ごろう
撮影者：大蔵省印刷局
撮影年：明治13年（1880）
画　像：鶏卵紙　81×51mm
　長州藩士。萩の乱や西南戦争の功績で陸軍中将に任官。

乃木希典 のぎ まれすけ
撮影者：大蔵省印刷局
撮影年：明治13年（1880）
画　像：鶏卵紙　81×50mm
　長府藩士。日露戦争では第3軍司令官。後年、学習院院長。

幕末維新の英雄たち

西郷従道 さいごう つぐみち
撮影者：不詳
撮影年：明治6年～明治7年
　　　　（1873～1874）
画　像：鶏卵紙　84×51mm
　薩摩藩士。第1代伊藤内閣では、海軍大臣。明治20年、日本で初の海軍大将。

大山巌 おおやま いわお
撮影地：フランスか
撮影年：明治6年頃（c1873）
画　像：鶏卵紙　88×52mm
　薩摩藩士。日露戦争では、満州軍総司令官・陸軍大将。

大山巌
撮影者：大蔵省印刷局
撮影年：明治10年代
　　　　（1878～1886）
画　像：鶏卵紙

東郷平八郎 とうごう へいはちろう
撮影地：不詳
撮影年：明治36年頃（c1903）
画　像：鶏卵紙に手彩色
　　　　70×60mm
　薩摩藩士。日露戦争で連合艦隊司令長官を務める。日本海海戦でバルチック艦隊を壊滅させた。海軍大将。

警視隊（内務省警視局）

撮影者：不詳
撮影年：明治10年頃（c1877）
画　像：アンブロタイプ
　　　　73×102mm

　帽子の前に四角の部分が確認できるため内務省警視局の警視隊下士卒（巡査）であることがわかる。警視官の帽子はシンプルなケピ帽。巡査の場合、モール製の銀線1本のシンプルな帽章が入っている。当時、下級巡査は帯剣が認められておらず、代わりに3尺ほどの警棒が支給されていた。これが武器であった。これでは戦えないので、西南戦争に派遣された九州では小銃が支給されている。濃紺色の詰襟フロックコートで、合わせはシングルブレストである。ボタンは金色桜紋入りで、数は決まっていないが、古写真では9個のボタンがついているものが多い。襟章や肩章はなく、等級に応じて袖章の黄色の本数が変化する。写真は革靴姿で撮影しているが、写真は革靴姿で撮影しているが、西南戦争参戦時では草鞋履きだったものと考えられる。

西南戦争における警視隊

　警視隊は明治10年（1877）の西南戦争で、東京警視本署（現警視庁）が編成した部隊。約9500名が陸軍の後方支援及び戦闘に参加した。警視隊を別働第3旅団とし、川路利良大警視が陸軍少将を兼任して旅団長（司令長官）をつとめた。その後、別働第3旅団は大山巌陸軍少将が指揮する新撰旅団に再編成された。田原坂の戦いでは抜刀隊が組織されたことでも知られる。薩摩の兵は警視隊を「銀モール」や「銀線」といって恐れていたことが伝わっている。

幕末維新の英雄たち

警視隊（府県巡査）

撮影者：不詳
撮影年：明治10年頃（c1877）
画　像：アンブロタイプ
　　　　82×106mm

　帽子には金属の帽章がつく。警部は銀色・日章風であったが、巡査は真鍮製で所属番号を示す漢数字が刻印された。また等級に応じ、警部は銀線、巡査は黄線をそれぞれ側面外周に一定数めぐらせた。
　襟章や袖章も、警部は銀色、巡査は黄色をそれぞれ用いた。袖章が山形になっているのが警視庁とは違う点である。袴の側章も、警部が銀線、巡査が黄線。
　警部・巡査とも制服の地色は紺。巡査の上衣はシングルブレストである。桜紋入りの真鍮製ボタンは7個が定制。警部はダブルブレストで、ボタンは金色で定数はない。一番右の人物は警棒を持っている。

幕末維新の英雄たち

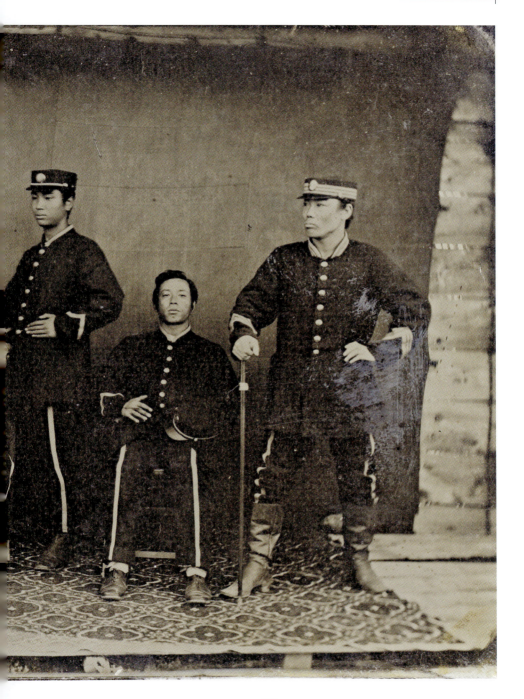

土佐藩 15 代藩主　山内容堂
やまのうち　ようどう
撮影者：不詳
撮影年：慶応2年〜明治3年頃
　　　　（c1866〜c1870）
画　像：鶏卵紙
　土佐藩主。徳川慶喜に「大政奉還」を建白した。

宇和島藩8代藩主　伊達宗城
だて　むねなり
撮影者：横田朴斎（彦兵衛）
撮影年：慶応3年（1867）
画　像：鶏卵紙
　宇和島藩主。高野長英や村田蔵六（大村益次郎）を採用したほか、中井弘を宇和島藩周旋方で雇うなど、人材採用に長けていた。

四侯会議とは
　慶応3年（1867）に雄藩諸侯の中でも有力な四賢侯と呼ばれる、越前、宇和島、土佐、薩摩の4藩の代表による四侯会議が行われた。最初に薩摩の島津久光が長州への寛大な処置を求める話をするが、徳川慶喜は先延ばしになっていた神戸の開港問題が先と主張する。薩摩藩の目的は幕府から政権を雄藩へ移すことにあり、あからさまに見える島津の態度に、土佐の山内容堂は反感をもつ。8回にもおよぶ会議をもったが、結局、互いに対立しあい結論を出さずに終わってしまう。慶喜は朝廷との会議で神戸開港勅許を得るが、薩摩藩は倒幕の意をますます固めた。

幕末の四侯

薩摩藩12代藩主の父　島津久光
しまづ　ひさみつ
撮影者：横田朴斎（彦兵衛）
撮影年：慶応3年（1867）
画　像：鶏卵紙

　11代藩主島津斉彬亡き後、12代藩主島津忠義の実父として権力を握る。維新後、廃藩置県に反発するなど、新政府と対立するも、西南戦争では中立を唱えた。

越前藩16代藩主　松平春嶽
まつだいら　しゅんがく
撮影者：横田朴斎（彦兵衛）
撮影年：慶応3年（1867）
画　像：鶏卵紙

　福井藩主。将軍継嗣問題で敗れ隠居。文久2年（1862）、政事総裁職となり、幕政に参与。文久3年、勝海舟の神戸海軍操練所創設を援助。

◎上の写真3枚（伊達宗城・島津久光・松平春嶽）は、慶応3年（1867）5月14日、二条城に四侯会議に集まった4人を徳川慶喜が記念にと、1人ずつ一橋家お雇い写真師横田彦兵衛に撮影させたうちの3枚。

徳川慶喜
撮影者：阿部寿八郎か
撮影年：慶応2年頃（c1866）
画　像：鶏卵紙

　15代将軍に就任した慶喜は、フランスのレオン・ロッシュ（1809～1900）を頼り、幕府の軍制改革に着手した。特に陸軍はフランスから軍事顧問団を招いた。さらに、慶喜は倒幕派をけん制するため、兵庫開港を急ぎ、慶応3年（1867）大坂城に諸外国の公使を集め兵庫を開港する旨を伝えた。これによって、倒幕派が幕府を攻撃する口実を失い、新たな作戦を立てる必要があり、岩倉具視らが「討幕の密勅」を仕掛けるが、慶喜は「大政奉還」の上表を提出し、江戸幕府の歴史を終幕した。

最後の将軍

最後の征夷大将軍　徳川慶喜　とくがわ よしのぶ

　水戸藩主徳川斉昭の7男。弘化4年（1847）、御三卿の一橋家を相続。14代将軍の継嗣について、慶喜を推す父斉昭や老中阿部正弘、薩摩藩主島津斉彬などの一橋派と、紀州藩主徳川家茂（慶福）を推す彦根藩主井伊直弼や12代将軍家慶の側室の本寿院（13代将軍家定の生母）をはじめ大奥の南紀派が対立した。安政4年（1857）に阿部正弘、翌年に島津斉彬が死去すると大老に就任した井伊直弼が家茂を将軍継嗣と決める。

　家茂の補佐役となった慶喜は、その後、井伊直弼が日米修好通商条約を無勅調印した件で、斉昭、福井藩主松平慶永らとともに直弼を詰問。それが直弼の怒りにふれ「安政の大獄」で慶喜は隠居謹慎処分とされる。安政7年、桜田門外の変で直弼が暗殺されると謹慎が解かれ、文久2年（1862）に将軍後見職となった。元治元年（1864）、禁裏御守衛総督に就任。それまでの融和的な対処を一変させ、会津・桑名藩と提携を結び、尊王攘夷派と対立する。

　慶応2年（1866）7月に家茂が大坂城で薨去。12月、慶喜は15代征夷大将軍に就任した。列強国との条約改定や留学生を送り日本の近代化にも奮闘したが、薩長同盟を結んだ薩摩藩と長州藩の討幕派に次第に圧され、慶応3年10月に大政奉還を奏上し内大臣となる。その後、朝廷より王政復古の大号令が発せられ、新政府が樹立。そして幕府の納地奉納と慶喜の辞任が要求された。それが、幕府側と新政府側との武力闘争に発展し、戊辰戦争が勃発。幕府側は朝敵とされ慶喜は謹慎の身となる。そうして、1年と4ヵ月ほどの将軍職を終えた。明治2年（1869）、幕府軍が敗北し戊辰戦争が終結。

徳川慶喜
撮影地：京都
撮影年：慶応2年頃（c1866）
画　像：鶏卵紙　127×92mm
禁裏守衛総督時代の写真。

徳川慶喜
撮影地：京都
撮影年：慶応2年頃（c1866）
画　像：鶏卵紙　123×93mm
　中国の代表的史籍『資治通鑑』を傍らに置いて写した1枚。

軍装姿で馬上の徳川慶喜（1）
撮影地：不詳
撮影年：慶応3年頃（c1867）
画　像：133×92mm
　軍装や馬の鞍下はナポレオン3世から送られたもの。

軍装姿　徳川慶喜（1）
撮影地：不詳
撮影年：慶応3年頃（c1867）
画　像：132×84mm
　ナポレオン3世から送られた軍服をまとった慶喜。

最後の将軍

軍装姿で馬上の徳川慶喜（2）
撮影地：不詳
撮影年：慶応3年頃（c1867）
画　像：128×92mm

軍装姿　徳川慶喜（2）
撮影地：不詳
撮影年：慶応3年頃（c1867）
画　像：133×86mm

小直衣姿　徳川慶喜
撮影者：フレデリック・サットン
撮影地：大坂城内
撮影年：慶応3年（1867）
　　　　3月28日
画　像：132×92mm
　兵庫開港についてイギリス、フランス、オランダの公使と会見した際の狩衣（官位四位以上の武家の礼服）を着た慶喜。

羽織姿　徳川慶喜
撮影者：フレデリック・サットン
撮影地：大坂城内
撮影年：慶応3年（1867）
　　　　3月29日
画　像：132×92mm
　会見翌日に大広間前庭より、イギリス第9連隊1中隊の調練を見学した際、錦織の袴を着けた慶喜。

束帯姿　徳川慶喜
撮影者：不詳
撮影地：京都
撮影年：慶応2年頃（c1866）
画　像：123×91mm

徳川慶喜公一代アルバム
　このアルバムは、徳川慶喜が退隠後に徳川一門に配布されたものと思われる。もともと奥付などはないが、古写真収集家の石黒敬七氏がそう書き留めている。

洋服姿の徳川慶喜
撮影者：不詳
撮影地：京都
撮影年：慶応3年頃
　　　　（c1867）
画　像：131×92mm

椅子に座る徳川慶喜
撮影者：不詳
撮影地：京都
撮影年：慶応3年頃（c1867）
画　像：134×92mm

最後の将軍

静岡の隠居時代（1）
撮影者：不詳
撮影年：明治時代
画　像：132 × 91mm

静岡の隠居時代（2）
撮影者：不詳
撮影年：明治時代
画　像：134 × 92mm

静岡の隠居時代（3）
撮影者：不詳
撮影年：明治時代
画　像：134 × 92mm

静岡の隠居時代（4）
撮影者：不詳
撮影年：明治7年（1874）4月
画　像：131 × 91mm

静岡の隠居時代（5）
撮影者：不詳
撮影年：明治中期
画　像：132 × 92mm

静岡の隠居時代（6）
撮影者：徳川篤敬
撮影年：不詳
画　像：132 × 92mm

静岡の隠居時代（7）
撮影者：徳田孝吉
撮影年：明治20年（1887）
画　像：132×92mm

晩年（1）
撮影者：徳川篤敬
撮影年：明治中期
画　像：135×94mm

晩年（2）
撮影者：小川一真
撮影年：大正時代
画　像：132×90mm

爵位姿の慶喜
撮影者：中島待乳
撮影年：明治41年（1908）
画　像：133×92mm
　爵位服を身につけた慶喜。明治35年（1902）、公爵となる。

狩猟をする慶喜
撮影者：徳田孝吉
撮影年：明治中期
画　像：132×92mm

大礼服姿の慶喜
撮影者：小川一真か
撮影年：明治33年頃か（c1900）
画　像：132×92mm

最後の将軍

徳川家達 とくがわ いえさと
撮影者：ネグリッティ＆ザンブラ写真館
撮影地：イギリス　ロンドン
撮影年：明治10年〜明治15年
　　　　（1877〜1882）
画　像：148×102mm

　田安徳川家の慶頼の3男。14代将軍家茂の遺言で13代将軍家定の正室天璋院は、亀之助（家達）の宗家相続を望んだがまだ幼く、慶喜が将軍となった。

家達、5歳11ヶ月
撮影者：臼井秀三郎
撮影年：明治2年（1869）
画　像：86×55mm

家達、5、6歳頃
撮影者：横山松三郎か
撮影年：明治2年〜明治3年頃
　　　　（c1869〜c1870）
画　像：88×55mm

家達、8歳から10歳頃
撮影者：内田九一
撮影年：明治4年〜明治5年頃
　　　　（c1871〜c1872）
画　像：88×53mm

キング提督(中央)と長州藩主毛利敬親(左)と元徳(右)
　　　もうり　　たかちか・もとのり

撮影者:ウオルター・タルボット・カー卿
撮影地:イギリス艦「プリンセス・ロイヤル」号の艦上
撮影年:慶応2年(1866)
画　像:鶏卵紙

　元治元年(1864)の下関戦争後、イギリス公使パークスの代理としてキング提督が、三田尻で長州藩と親善交歓の宴を持った。その後、日を改めて藩主とその関係者などをイギリス艦「プリンセス・ロイヤル」号へ招き、艦砲射撃を見学させた。写真はその時、艦上で撮影されたものである。毛利父子の滑稽な表情は、謝罪を表現したのだろうか。

幕末の大名たち

福岡藩主黒田長溥（右）と長知（左）　くろだ　ながひろ・ながとも
撮影者：ウオルター・タルボット・カー卿
撮影地：イギリス艦「プリンセス・ロイヤル」号の艦上
撮影年：慶応２年（1866）
画　像：鶏卵紙

島津忠義 しまづ ただよし
撮影者：内田九一
撮影年：明治3年〜明治7年頃
　　　　（c1870〜c1874）
画　像：鶏卵紙
　薩摩藩12代藩主。

島津珍彦 しまづ うずひこ
撮影者：内田九一
撮影年：慶応4年〜明治2年頃
　　　　（c1868〜c1869）
画　像：鶏卵紙
　島津久光の4男で忠義は兄。

秋元礼朝 あきもと ひろとも
撮影者：内田九一
撮影年：明治3年〜明治7年頃
　　　　（c1870〜c1874）
画　像：鶏卵紙
　上野館林藩2代藩主。

松平容保 まつだいら かたもり
撮影者：不詳
撮影年：明治4年〜明治6年頃
　　　　（c1871〜c1873）
画　像：鶏卵紙　86×54mm
　会津藩9代藩主。

松平茂昭 まつだいら もちあき
撮影者：内田九一
撮影年：明治3年〜明治7年頃
　　　　（c1870〜c1874）
画　像：鶏卵紙
　福井藩17代藩主（写真右）。

松平宗秀 まつだいら むねひで
撮影者：不詳
撮影年：慶応3年〜明治4年頃
　　　　（c1867〜c1871）
画　像：鶏卵紙
　丹後宮津藩6代藩主。

幕末の大名たち

黒田長溥 くろだ ながひろ
撮影者：内田九一
撮影年：明治3年〜明治7年頃
　　　　（c1870〜c1874）
画　像：鶏卵紙
　福岡藩11代藩主。

毛利元徳 もうり もとのり
撮影者：不詳
撮影年：明治初期
画　像：鶏卵紙
　長州藩14代藩主。

伊達宗敦 だて むねあつ
撮影者：内田九一
撮影年：明治3年〜明治4年頃
　　　　（c1870〜c1871）
画　像：鶏卵紙
　伊達宗城の息子で、仙台藩主伊達慶邦の養子となる。

相馬誠胤 そうま ともたね
撮影者：内田九一
撮影年：明治3年〜明治7年頃
　　　　（c1870〜c1874）
画　像：鶏卵紙
　陸奥中村藩13代藩主。

小笠原長行 おがさわら ながみち
撮影者：内田九一
撮影年：明治5年〜明治7年頃
　　　　（c1872〜c1874）
画　像：鶏卵紙
　肥前唐津藩主小笠原長昌の長男。戊辰戦争では徳川慶喜に徹底抗戦を主張した。

大鳥圭介 おおとり けいすけ
撮影者：不詳
撮影年：明治10年代（1877～1886）
画　像：鶏卵紙　60×41mm
　旗本。江戸開城で伝習隊を率いて江戸を脱走。転戦し仙台で榎本武揚と合流、箱館で抵抗する。

山岡鉄舟 やまおか てっしゅう
撮影者：不詳
撮影年：慶応3年～明治4年頃
　　　　（c1867～c1871）
画　像：鶏卵紙　51×39mm
　幕臣。「江戸開城談判」の際、徳川慶喜から一番槍と評された。

澤太郎左衛門 さわ たろうざえもん
撮影者：デルボーイ兄弟写真館
撮影地：オランダ　デン・ハーグ
撮影年：明治8年（1875）
画　像：鶏卵紙　90×55mm
　幕臣。オランダ留学。軍艦頭並。「開陽丸」軍艦頭となり、榎本と江戸を脱走、箱館で抵抗する。

幕末の幕臣たち

成島柳北 なるしま りゅうほく
撮影者：不詳
撮影年：明治10年～明治15年頃
　　　　（c1877～c1882）
画　像：鶏卵紙　68×47mm
　幕府に仕え侍講、外国奉行、会計副総裁などを歴任。のち「朝野新聞」を創刊した。

前島密 まえじま ひそか
撮影者：不詳
撮影地：アメリカ　ニューヨーク
撮影年：明治4年頃（c1871）
画　像：鶏卵紙　92×57mm
　幕臣前島家の養子となり幕府の「開成所」の数学教授に就任。新政府では郵便制度を創設し、「郵便の父」と呼ばれる。

平岡煕 ひらおか ひろし
撮影者：フィップル写真館
撮影地：アメリカ　ボストン
撮影年：明治6年（1873）
画　像：鶏卵紙　63×51mm
　幕臣の子。維新後に岩倉使節団とともにアメリカ留学。帰国後、工部省鉄道局技師に就任。

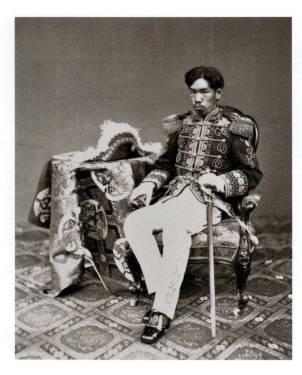

明治天皇　睦仁
めいじてんのう　むつひと
撮影者：内田九一
撮影年：明治6年（1873）
画　像：原板から焼付けたモダンプリント
　　　　303×229mm

　慶応2年（1866）12月に孝明天皇が崩御すると、皇位を継承。明治6年（1873）3月に明治天皇が西洋風に断髪したことで、国民にも徐々に断髪が広がった。

明治天皇　睦仁
撮影者：内田九一
撮影年：明治6年（1873）
画　像：87×53mm

幕末の皇族・公家たち

昭憲皇太后　美子
しょうけんこうたいごう　はるこ
撮影者：内田九一
撮影年：明治6年（1873）
画　像：290×239mm
　　　　原板から焼付けたモダンプリント
　明治19年（1885）に和装から洋装に切り替えた。皇太后は和歌をよく愛し、『昭憲皇太后御集』を残している。

英照皇太后
えいしょうこうたいごう
撮影者：内田九一
撮影年：明治5年〜明治6年
　　　　（1872〜1873）
画　像：原板から焼付けたモダンプリント
　　　　182×130mm
　天保5年（1834）に九条尚忠の娘、九条夙子（あさこ）として生まれる。弘化2年（1845）に統仁親王の妃となる。翌年に統仁親王が即位し孝明天皇となる。

仁和寺宮純仁親王
にんなじのみや　あきひとしんのう
撮影者／内田九一
撮影年／明治2年～明治8年頃（c1869～c1875）
画　像／鶏卵紙　85×54mm

　仁孝天皇の猶子。錦旗を新政府軍へ渡し官軍とする。奥羽征討総督。佐賀の乱や西南戦争、日清戦争にも出征。明治3年（1870）、東伏見宮と改名（右写真）。

東伏見宮彰仁親王
ひがしふしみのみや　あきひとしんのう
撮影所／東京印刷局か
撮影年／明治10年代（1877～1886）
撮影年／明治初期
画　像／鶏卵紙

　戊辰戦争の勲功により仁和寺宮純仁親王から東伏見宮に改称された。明治15年（1882）には維新の功績により小松宮に改称（次頁上写真）される。

伏見宮貞愛親王
ふしみのみや　さだなるしんのう
撮影者／内田九一
撮影年／明治5年頃（c1872）
画　像／鶏卵紙

　伏見宮家第20代伏見宮邦家親王の第14子。ロシア皇帝ニコライ2世の戴冠式に明治天皇の名代として参列。

幕末の皇族・公家たち

小松宮彰仁親王
こまつのみや　あきひとしんのう
撮影者：丸木利陽
撮影年：明治21年頃（c1888）
画　像：原板から焼付けたモダンプリント
　明治15年（1882）、東伏見宮から小松宮と改める。イギリス国王エドワード7世の戴冠式に明治天皇の名代として出席。

小松宮頼子
こまつのみや　よりこ
撮影者：丸木利陽
撮影年：明治21年頃（c1888）
画　像：原板から焼付けたモダンプリント
　久留米藩主有馬頼咸の長女。明治2年（1869）、仁和寺宮純仁親王（のちの小松宮彰仁親王）と結婚。

有栖川宮熾仁親王
ありすがわのみや　たるひとしんのう
撮影者：不詳
撮影地：オーストリア　ウィーン
撮影年：明治15年（1882）
画　像：鶏卵紙　120×89mm
　戊辰戦争では東征大総督の職を自ら志願し勅許を得る。

三条実美
さんじょう　さねとみ
撮影者：不詳
撮影年：明治10年代頃
　　　　（c1877〜c1886）
画　像：鶏卵紙　112×85mm
　公家。明治4年（1871）に太政大臣。

北白川宮能久親王
きたしらかわのみや　よしひさしんのう
撮影者：東京印刷局か
撮影年：明治10年代
　　　　（1877〜1886）
画　像：鶏卵紙　80×53mm
　上野戦争に巻き込まれ榎本武揚らと東北へ逃避。戊辰戦争後にドイツ留学。

柳原前光　やなぎわら　さきみつ
撮影者：大蔵省印刷局
撮影年：明治12年〜明治13年
　　　　（1879〜1880）
画　像：鶏卵紙　81×51mm
　公家。戊辰戦争では東海道鎮撫副総裁、甲府鎮撫使。

有栖川宮威仁親王
ありすがわのみや　たけひとしんのう
撮影地／東京印刷局か
撮影年／明治10年代
　　　　（1877〜1886）
画　像：鶏卵紙
　有栖川宮熾仁親王の第4子。日清戦争では、旗艦松島の艦長を務める。

幕末に来日した外国人

トーマス・グラバー
撮影者：上野彦馬か
撮影年：明治初期頃
画　像：鶏卵紙　鶏卵紙

　立っているのがトーマスで、襖から顔を覗かせているのが弟であろうか。トーマスは、安政6年（1859）に来日し長崎に貿易商グラバー商会を設立。軍備の近代化を目指す幕府や薩摩、長州など各藩から武器弾薬、艦船などの輸入依頼を受け巨利を得た。

グイド・ヴァーベック（フルベッキ）
撮影者：上野彦馬
撮影年：明治2年頃（c1869）
画　像：鶏卵紙　鶏卵紙

　オランダ改革派教会の宣教師として、安政6年（1859）に長崎に来日した。幕府が運営する長崎英語伝習所や佐賀藩校英語塾「致遠館」の教師、開成学校の教師となる。

横浜で集結した四ヵ国連合艦隊の上層武官の合成写真
撮影者：F・ベアトが撮影した写真も含まれているが詳細は不明
撮影年：元治元年（1864）
画　像：鶏卵紙

幕末に来日した外国人

（前列左から 4 人目）フランス海軍司令長官 Yauris
（前列右から 4 人目）イギリス海軍司令長官 Kuper
（前列右から 2 人目）オランダ軍艦「メデュサ」号艦長 Casenbraot

角型アルバム

　この角型アルバムには、おもに1860年頃から1870年代の各国で撮影された、たくさんのアメリカ軍人の写真が貼り込まれている。アルバムの背表紙には、「FRIENDS OF MINE J. P. MICKLEY」と刻印されている。このミックレイという人物は、元治元年（1864）頃からアメリカ海軍の軍人として、南北戦争や黄熱病絶滅に大きな業績を残した。明治6年から明治10年（1873〜1877）の間は、アジアに向けて組織されたアメリカ艦隊の軍艦に乗艦し、中国、日本、ベトナム、シンガポール、タイなどを訪れたようだ。その間、日本にいつ、何度訪れたかは明らかでないが、アルバムには下岡蓮杖、スティルフリードが撮影した写真とともに、上野撮影局で撮影されたアメリカ軍人や長崎の風景写真などがたくさん貼り込まれている。

アメリカ軍人（1）
画　像：鶏卵紙　91×59mm

＊212〜213頁の写真は
撮影者：上野撮影局（上野彦馬）
撮影年：明治8年頃（c1875）

アメリカ軍人（2）
画　像：鶏卵紙　91×59mm

アメリカ軍人（3）
画　像：鶏卵紙　91×59mm

アメリカ軍人（4）
画　像：鶏卵紙　92×59mm

幕末に来日した外国人

人力車に乗ったアメリカ軍人たち《角型アルバムより》

明治元年頃（c1868）から使用されていたとされる上野撮影局の小道具が配置されている。この人物はミックレイ（写真1）だろうか。この角型アルバムに一番多く登場する人物である。

人力車に乗ったアメリカ軍人（1）
画　像：鶏卵紙　59×92mm

人力車に乗ったアメリカ軍人（2）
画　像：鶏卵紙　60×91mm

人力車に乗ったアメリカ軍人（3）
画　像：鶏卵紙　59×91mm

人力車に乗ったアメリカ軍人（4）
画　像：鶏卵紙　59×91mm

人力車に乗ったアメリカ軍人（5）
画　像：鶏卵紙　59×92mm

人力車に乗ったアメリカ軍人（6）
画　像：鶏卵紙　60×91mm

和装姿のアメリカ軍人たち《角型アルバムより》

撮影者：上野撮影局（上野彦馬）　撮影年：明治8年頃（c1875）
画　像：鶏卵紙　100×129mm

　この写真には、当時海軍中尉であり、アルバムの所有者であるミックレイは写っていないようだ。全員が和装姿でおかしな格好をしている。

幕末に来日した外国人

上野彦馬の世界
うえの ひこま

　古写真の分野では、東の下岡蓮杖、西の上野彦馬といわれる。上野彦馬は下岡蓮杖とほぼ同時期に開業し、日本の写真界の開祖のひとりとして、また長崎を代表する写真師として著名である。

　彦馬が暮らした長崎は、歴史や文化が凝縮されたような街である。永禄11年（1568）にキリシタンの布教が開始され、以来、ポルトガルやオランダそして中国等との交流により、衣食住、学問にいたるまで日本の文化に大きく影響を与えた発信地であったといえよう。特に幕末期には、洋式の兵学、医学、芸術とあらゆる分野の先駆けとなった。そして写真術も同様に早くから積極的に研究されている。

　文久2年（1862）に中島川の畔にある自邸に開業した「上野撮影局」には、その後たくさんの外国人が記念撮影に訪れた。長崎の思い出にと、風景や人びとを写した写真も買い求めていったようである。また、現在にも名を残す著名な人物が、来客し、その姿を今に伝えている。

　当時の人になった気分で、長崎の旅を古写真で、是非味わってみてほしい。

上野彦馬の世界

３人の写真師
撮影者：上野撮影局（上野彦馬）
撮影年：明治５年頃（c1872）
画　像：名刺判写真　91×59mm
　　左より、上野彦馬、内田九一、鎌田永弼。

大浦川と長崎港《赤色アルバムより》
撮影年：慶応2年（1866）　画　像：鶏卵紙　183×216mm

　中央に流れる大浦川河口近くには、慶応元年（1865）に創架された弁天橋が見える。その橋を左に渡ってまっすぐ歩くと、南山手の丘の先端に位置するベルヴューホテルに辿り着く。その周りの大きな松は、下り松と呼ばれ付近の地名のもととなった。川の左岸は海岸沿いを含めて下り松居留地、右が大浦居留地とされ、洋館が建ち並んでいる。

赤色アルバム
「A.R.D.」と金で刻印されたこのアルバムには、長崎に関係する13枚の写真が貼られている。その内9枚は長崎の風景写真、残りの4枚は僧侶と頭蓋骨の写真、フランスの艦船、鳥居八十五郎と上野彦馬の肖像写真だが、これらの写真は、フランス人が上野撮影局より購入し、母国に持ち帰ったものと思われる。一部、慶応元年（1865）に長崎を訪れ、彦馬と交流があったベアトが撮影したとされる写真と同じものが含まれているが、撮影者が本当は誰なのか、その真相は明らかでない。

上野彦馬の世界

フランスの艦船《赤色アルバムより》
撮影年：慶応2年頃（c1866）　画　像：鶏卵紙　54×84mm
　彦馬は元治元年頃（c1864）から外国人客の出張撮影の依頼も受けていた。なかでも長崎港に浮かぶ外国の艦船の写真は、たくさん残されている。この写真は、アルバムの持ち主であったフランス人に依頼されたのであろうか。

中島川と上野撮影局《角型アルバムより》
撮影年：明治10年以前（～c1877）　画　像：鶏卵紙　59×88mm
　右の白い塀が上野撮影局である。そこから中島川を下流に向かって撮影している。撮影局の門を出ると、正面の川に下りられる石段があった。

＊218～219頁の写真は
撮影者：上野撮影局（上野彦馬）

4人の武士
《角型アルバムより》
撮影年：明治2年頃（c1869）
画　像：鶏卵紙
　　　　92×59mm

＊220〜223頁の写真は
撮影者：上野撮影局
　　　（上野彦馬）

僧侶と頭蓋骨《赤色アルバムより》
撮影年：慶応3年（1867）
画　像：鶏卵紙　150×106mm
　「Bonze Japonais du "Daibouts" Yokohama 1867」と写真の下に書き込みがある。横浜の大仏の僧侶とは、鎌倉大仏を奉る高徳院清浄泉寺の僧侶を意味するのであろう。スタジオに置かれた敷物は長崎の上野撮影局である。

上野彦馬の世界

記念撮影の主従たち《角型アルバムより》
撮影年：明治2年頃（c1869）
画　像：鶏卵紙　92×59mm

鳥居八十五郎《赤色アルバムより》
撮影年：慶応3年（1867）
画　像：鶏卵紙　54×84mm
　横浜の仏学伝習所の第一期生となり、その後フランスの兵学書などを翻訳した。

幕末の武士
撮影年：慶応年間（1865～1868）
画　像：鶏卵紙　64×41mm

芸妓《角型アルバムより》
撮影年：明治8年頃（〜c1875）
画　像：鶏卵紙　91×59mm

3人の女性
《角型アルバムより》
撮影年：明治10年以前
　　　　（〜c1877）
画　像：鶏卵紙　91×59mm

女性像《角型アルバムより》
撮影年：明治10年以前
　　　　（〜c1877）
画　像：鶏卵紙　90×59mm

洋館で働く掃除夫
撮影年：明治4年頃（c1871）
画　像：鶏卵紙　140×100mm

椅子の傍らに立つ婦人
《角型アルバムより》
撮影年：明治10年以前（〜c1877）
画　像：鶏卵紙　92×59mm

上野彦馬の世界

母と娘《角型アルバムより》
撮影年：明治10年以前
　　　　（～c1877）
画　像：鶏卵紙　91×59mm

若い娘《角型アルバムより》
撮影年：明治10年以前
　　　　（～c1877）
画　像：鶏卵紙　91×59mm

椅子に座る母と子
撮影年：明治初期
画　像：鶏卵紙　89×58mm

幼子3人《角型アルバムより》
撮影年：明治10年以前（～c1877）
画　像：鶏卵紙　59×91mm

夏着の娘《角型アルバムより》
撮影年：明治10年以前（～c1877）
画　像：鶏卵紙　59×91mm

お茶を飲む2人《角型アルバムより》
撮影年：明治10年以前（～c1877）
画　像：鶏卵紙　59×91mm

傘を持つ女《角型アルバムより》
撮影年：明治10年以前（～c1877）
画　像：鶏卵紙　91×59mm

下岡蓮杖の世界
しもおか　れんじょう

　文久2年（1862）に横浜で開業した下岡蓮杖は、伊豆下田に生まれ、幼いころから絵が好きで、狩野董川の門に入り画家になった。時期は定かではないようだが、ある時ダゲレオタイプの写真を見せられ、すぐに写真術を習得したいと考えたという。画家であるからこそ、自分では決して絵に描くことが出来ない「写真」というその画像に、魅了されたのは当然のことだったのだろう。

　時は幕末という動乱期。西洋から伝来した写真を学ぶには、並々ならぬ苦労があったといわれる。あるときは浦賀や下田の奉行所で足軽となって働きながら、写真を知る外国人との接触を図った。そして、横浜に辿り着きやっとの思いで写真術を習得して開業したのは、志を持ってから15年以上もたった後のことだった。

　今では考えられないが、開業した当初は写真を撮られると魂が吸い取られるなどと噂が広まり、日本人客は少なかったらしい。それでも、来日した外国人を相手に営業を続けて、次第に繁盛していったという。その後も、波瀾万丈の人生だったといわれるが、多くの弟子にも恵まれ、明治時代の高名写真師を多く輩出して、日本の写真界に大きな功績を残した。

旅人
撮影者：下岡蓮杖
撮影年：慶応2年～明治3年頃（c1866～c1870）
画　像：鶏卵紙　137×86mm

下岡蓮杖の世界

日本美人
撮影者：下岡蓮杖
撮影年：慶応2年〜明治3年頃（c1866〜c1870）
画　像：鶏卵紙　90×59mm

休息のひととき
画　像：鶏卵紙　120×91mm

＊226〜227頁の写真は
　撮影者：下岡蓮杖
　撮影年：慶応2年〜明治3年頃
　　　　（c1866〜c1870）

雨の日の侍
画　像：鶏卵紙　131×83mm

蕎麦の出前持ち
画　像：鶏卵紙　137×84mm

母と子
撮影者：下岡蓮杖
画　像：台紙内側にバン・リサ・ブ
　　　　ラザーズ社のスタンプ有り
　　　　鶏卵紙　85×58mm

物もらい
画　像：鶏卵紙　133×90mm

火消しの気合
画　像：鶏卵紙　135×84mm

下岡蓮杖の世界

役人
画 像：鶏卵紙　135×86mm

三味線持ち
画 像：鶏卵紙　140×83mm

女性の立ち姿
画 像：台紙内側にバン・リサ・ブラザーズ社のスタンプ有り
　　　鶏卵紙　88×58mm

日本美人
"Japanese Woman"と台紙にある。
画 像：鶏卵紙　92×56mm

薪を運ぶ女性
画 像：鶏卵紙　136×86mm

少年侍
画　像：鶏卵紙　　117×84mm

商人と番頭
画　像：鶏卵紙　　128×87mm

町人の夫婦
画　像：鶏卵紙　　132×86mm

＊228〜229頁の写真は
撮影者：下岡蓮杖
撮影年：慶応2年〜明治3年頃（c1866〜c1870）

侍の息子と祖母
画　像：鶏卵紙　　135×89mm

下岡蓮杖の世界

甘酒屋と客
画　像：鶏卵紙
　　　　84×118mm

三味線を弾いて
くつろぐ女性たち
画　像：鶏卵紙に手彩色
　　　　57×91mm

帳簿付け
画　像：卵紙に手彩色
　　　　57×91mm

傘をさす女性
画　像：鶏卵紙に手彩色
　　　　91×57mm

農夫
画　像：鶏卵紙に手彩色
　　　　91×57mm

植木の手入れをする女性
画　像：鶏卵紙に手彩色
　　　　72×54mm

＊230頁の写真は
撮影者：下岡蓮杖
撮影年：慶応2年～明治3年頃（c1866～c1870）

歯医者
画　像：鶏卵紙に手彩色　135×86mm

甲冑姿の男性
画　像：鶏卵紙に手彩色　140×83mm

下岡蓮杖の世界

芸の稽古
撮影者：下岡蓮杖
撮影年：慶応2年〜明治3年頃
　　　　（c1866〜c1870）
画　像：鶏卵紙に手彩色
　　　　53×73mm

商人のやり取り
撮影者：下岡蓮杖
撮影年：慶応2年〜明治3年頃
　　　　（c1866〜c1870）
画　像：鶏卵紙に手彩色
　　　　57×91mm

日本の音楽
"Music Japan"と台紙にある
画　像：鶏卵紙
　　　　51×85mm

浴衣姿の女
撮影者：不詳
撮影年：明治13年〜明治22年頃（c1880〜c1889）
画　像：鶏卵紙

本文掲載写真の補足人物紹介

[凡例]
◎人名の後に続く数字は、写真の掲載頁を示した。

■あ行

【赤松大三郎】あかまつ だいざぶろう……76
天保12年～大正9年（1841～1920）

　十五番組御徒仕の吉沢雄之進の次男。弘化4年（1847）に旗本の祖父赤松良則の後を継承。オランダ語を学び、蕃書調所に勤めた。安政4年（1857）に長崎海軍伝習所に入門。遣米使節団には咸臨丸で随行した。オランダへ派遣された時は、開陽丸の建造に携わり、運用術や砲術、造船学を学んだ。慶応2年（1866）5月に普墺戦争の戦跡を視察。その後、伊東と林とともに3年の留学延期許可が届くが、慶応4年3月に大政奉還を知り、同年5月17日に帰国。徳川家臣らと静岡藩へ移り、沼津兵学校陸軍一等教授方となる。維新後は新政府では海軍中将まで昇進し横須賀造船所長、海軍造船会議議長、初代佐世保鎮守府司令長官などを歴任した。

【秋元礼朝】あきもと ひろとも……200
嘉永元年～明治16年（1848～1883）

　上野館林藩2代藩主。戊辰戦争では、新政府軍に対して兵を派遣し、軍資金2万両を出して協力した。明治2年（1869）、館林藩知事に就任。明治4年の廃藩置県後、免官となる。

【荒木数右衛門】あらき かずえもん……29・30・33
生没年不詳

　熊本藩士。遣米使節団には、25歳頃に正使の新見正興の従者として随行した。

【有栖川宮威仁親王】
ありすがわのみや たけひとしんのう……208
文久2年～大正2年（1862～1913）

　有栖川宮幟仁親王の第4子。明治6年（1873）、ウィーン万博で、皇族として初めてオーストリア軍艦を訪問。明治14年、イギリスのグリニッジ海軍大学校へ入学。日清戦争では、旗艦松島の艦長を務める。海軍大将、海軍元帥に累進。

【有栖川宮熾仁親王】
ありすがわのみや たるひとしんのう……208
天保6年～明治28年（1835～1895）

　有栖川宮幟仁（たかひと）親王の第1子。嘉永2年（1849）、親王宣下を受け元服し太宰帥に就任。同4年、熾仁は皇女和宮と婚約していたが、和宮は第14代将軍家定に降嫁することになり婚約は破談。その後、慶応3年（1867）に新政府の最高官職「三職」の総裁を務め、戊辰戦争では東征大総督の職を自ら志願し勅許を得る。明治3年（1870）、兵部卿に就任。明治10年の西南戦争では鹿児島逆徒征討総督。その功績で第2代陸軍大将となる。明治13年、左大臣兼議定官。内閣制度発足で参謀本部長。龍池会や大日本教育会、日本赤十字社の総裁など要職を歴任した。

【池田長発】いけだ ながおき……87・88
天保8年～明治12年（1837～1879）

　嘉永5年（1852）に池田筑後守長溥の養子となり、小普請、小十人頭、京都町奉行と昇進し、第2回遣欧使節団には、27歳で正使に任命された。出発前は攘夷論者であったが、初めて外国の文明を目の当たりにして、フランスに着くころにはすっかり開国論者になっていた。フランス外相との会談では、必死に国情を述べ理解を求めたが、やはりかなわなかった。帰国後は、幕府に開国推進と富国強兵を進言して、禄600石が削られ蟄居が命じられた。その後、軍艦奉行並になるが、すぐに病気になり岡山へ退き42歳で死去する。

【石川鑑吉】いしかわ かんきち……32
天保6年～明治28年（1835～1895）

　江戸飯田町在住。遣米使節団には、35歳頃に勘定組頭の森田岡太郎の従者として随行した。

【石黒寛次】いしぐろ かんじ……62・63
文政7年～明治19年（1824～1886）

　丹後田辺藩士で、京都の広瀬元恭の「時習堂」で理化学を学び、佐野常民の推挙で佐賀藩の精錬方御雇となる。蒸気船や電信機を研究し、語学に堪能で洋書の翻訳もした。その後、長崎海軍伝習所に入所。維新後は、工部省に出仕する。

【石田英吉】いしだ えいきち……175
天保10年～明治34年（1839～1901）

　土佐藩医の子。緒方洪庵の「適塾」で学ぶ。「天誅組」に参陣し禁門の変で負傷。長州に逃げ高杉晋作の「奇兵隊」結成に尽力。また「亀山社中」にも参加する。下関海戦では長州藩の軍艦ユニオン号の指揮を執る。新政府には、海援隊の同志陸奥宗光が農務省大臣の時に次官に就任

する。

【板垣退助】 いたがき たいすけ……178
天保8年～大正8年（1837～1919）

　土佐藩士。江戸留守居役兼軍備御用となり佐々木高行や大久保利通を知る。洋式騎兵術を学び、「武力討幕」を主張。戊辰戦争で東山道先鋒総督府の参謀として活躍。新政府の最高行政機関「太政官」では明治4年（1871）に参議。征韓論争に敗れ辞任後、自由民権運動を推進し自由党党首となる。

【市川渡（清流）】 いちかわ わたる……68
文政5年～明治12年（1822～1879）

　伊勢国度会郡神原村の農民出身。海防掛目付岩瀬忠震の用人となった。その後、神奈川奉行を務めていた松平康直に仕える。『尾蠅（びよう）欧行漫録』は文久使節団の記録で、大英博物館図書館を紹介した。明治2年（1869）に文部省、明治5年8月、書籍館（帝国図書館の全身）開館時には書籍受取方取扱をつとめ、10月から太政官正院に新設された翻訳局に出仕。明治8年退官し、『東京日日新聞』を発行する日報社に入社するも、1年で退社した。

【伊東玄伯】 いとう げんぱく……79
天保3年～明治31年（1832～1898）

　相模国の医師の鈴木方策の長男。江戸で奥医師伊東玄朴に学び、婿養子となる。文久元年（1861）、長崎養生所でポンペに医学を学んだ。オランダに派遣された時は眼科を研究し、後に日本語の試視力表を作成する。明治元年（1868）12月に徳川昭武一行、林研海とともに帰国。典薬寮医師となる。明治3年（1870）にもオランダのユトレヒト大学医学部で学び、明治7年に帰国。明治10年に一等侍医となる。

【伊藤博文】
いとう ひろぶみ……83・84・106・107・111
天保12年～明治42年（1841～1909）

　周防国熊毛郡束荷村の林十蔵の子。14歳の時、足軽伊藤家を継ぐ。吉田松陰に師事。尊王攘夷運動に加わり品川の「英国公使館焼き討ち」に参加。イギリス留学後、維新政府では、兵庫県知事、大蔵少輔、民部少輔など歴任。明治4年（1871）、岩倉使節団の副使。明治11年、大久保利通が暗殺されると、内務卿となり、明治18年、日本初の内閣総理大臣となる。明治22年、大日本帝国憲法を制定した。

【井上馨】 いのうえ かおる……83・85・111
天保6年～大正4年（1835～1915）

　文久2年（1862）の品川御殿山の「英国公使館焼き討ち事件」に加わる。イギリス密航留学からの帰国後、第1次長州戦争では長崎で武器を購入。維新後は民部大丞、大蔵大丞、大蔵大輔など歴任。第1次伊藤内閣では外務大臣として「鹿鳴館外交」を展開した。

【井上勝（野村弥吉）】 いのうえ まさる……83・85
天保14年～明治43年（1843～1910）

　長州藩士。藩の英国密航留学生の1人。木戸孝允の誘いで帰国後に大蔵省造幣頭兼民部省鉱山正となる。明治4年（1871）工部大丞に就任し、鉱山寮鉱山頭兼鉄道寮鉄道頭となる。

【岩倉具視】 いわくら ともみ……105・106・107・108
文政8年～明治16年（1825～1883）

　公家。孝明天皇の侍従。文久2年（1862）、公武合体を唱え和宮降嫁をすすめた事で親幕派と疑われ、朝廷を追われ蟄居。蟄居中に幕府に代わる朝廷権力の確立を論じた意見書「叢裡鳴虫（そうりめいちゅう）」を薩摩藩や朝廷の同志たちへ送る。慶応3年（1867）に赦免。薩長の討幕派と王政復古を実現させ、「三職」の参与、次いで議定に就任。「太政官」では大納言。明治4年（1871）に外務卿となり、右大臣を兼務。岩倉使節団には、特命全権大使として欧米へ赴いた。髷をシカゴで断髪している。

【岩崎豊太夫】 いわさき ぶんだゆう……68・71
生没年不詳

　豊岡藩に仕え、明治2年（1869）に公議人・衆議院議員をつとめる。

【岩崎弥太郎】 いわさき やたろう……173
天保5年～明治18年（1834～1885）

　土佐藩郷士岩崎弥次郎の長男。吉田東洋の「少林塾」で学ぶ。後藤象二郎の推挙で土佐藩の「開成館」に勤務。明治6年（1873）に三菱商会を創立。政府の保護を受け海運業を独占。軍需輸送や鉱山、荷為替、造船で後の三菱財閥を築く。

【岩下方平】 いわした みちひら……100
文政10年～明治33年（1827～1900）

　薩摩藩士の岩下亘の長男。安政6年（1859）に精忠組に参加した。文久3年（1863）の薩英戦争では和平交渉を任された。慶応元年（1865）に家老に昇進。パリ万国博覧会では、「日本薩摩琉球国太守政府」の使節団長として薩摩藩士9名を率い、パリで反幕府運動を展開した。その後も倒幕活動を続け、王政復古の大号令では、小御所会議に徴士参与として参画。新政府では、元老院議官、貴族院議員を務める。後に麝香間祗候となる。

【上田悌子】 うえだ ていこ……116・117
安政2年～昭和14年（1855～1939）

　第1回遣欧使節団に随行した上田友輔の娘。官立新潟英学校で宣教師キダーより英語を学んだ。外務省勤務の友輔の勧めで16歳の時にアメリカ留学生となったが、体調不良のため吉益亮子とともに帰国。その後、横浜共立学校に入

本文掲載写真の補足人物紹介

学。医師の桂川甫純と結婚する。

【上田友輔】 うえだともすけ……52・53・61
文化13年〜明治12年（1816〜1879）

慶応2年（1866）の遣露使節団に外国奉行支配調役並として参加。帰国後、遊撃隊の一員となる。明治2年（1869）、外務中録として、新潟開港事務を執った。明治4年、外務権大録となった。娘孝子は文久遣仏使節団（正使池田筑後守長発）に従者（理髪師）として加わった乙骨亘を婿養子に迎え、彼は上田綱二と名を改めた。この2人の間に生まれたのが小説家上田敏である。孝子の妹悌子は岩倉使節団の女子留学生5人の1人となった。

【上田寅吉】 うえだとらきち……81
文政6年〜明治23年（1823〜1890）

伊豆戸田生まれの船大工。安政の大地震（1854）で沈没したロシアの軍艦ディアナ号の代替船の建造に従事、西洋式帆船「ヘダ号」の造船世話役となった。その実力が認められ、安政2年（1855）に長崎海軍伝習所に入所。オランダ留学では造船技術を学ぶ。維新後は新政府に出仕し、横須賀造船所で造船技術者となる。

【上野景範】 うえのかげのり……177
弘化元年〜明治21年（1844〜1888）

薩摩藩士。長崎で蘭学、英学を学び藩校「開成所」の句読師となる。寺島宗則の誘いで新政府に出仕。外国事務局御用掛より明治13年（1880）に外務大輔に昇進。後、元老院議官。

【上野彦馬】 うえのひこま……217
天保9年〜明治37年（1838〜1904）

写真家。上野俊之丞2男。広瀬淡窓に師事し、安政3年（1856）、長崎に戻り、オランダ通詞名村八右衛門らからオランダ語を学び、蘭医ポンペの舎密試験所で化学を学ぶ。その後、湿板写真術を研究し、同6年に成功。文久2年（1862）、『舎密局必携』を著し、長崎に写真館を開業。明治7年（1874）に金星の天体写真、同10年に西南戦争の撮影を行った。

【内田九一】 うちだくいち……217
弘化元年〜明治8年（1844〜1875）

長崎に生まれる。蘭医ポンペの舎密試験所で化学を学ぶ。慶応2年（1866）に横浜で、明治2年（1869）には、東京浅草でも写真館を開業し、大成を遂げた。同5年に行われた明治天皇の西国御巡幸では、宮内省御用掛の写真師第1号として随行し、数多く名所旧跡の写真を撮影した。

【内田恒次郎】 うちだつねじろう……78
天保9年〜明治9年（1838〜1876）

幕臣の万年三郎兵衛の次男。昌平坂学問所、長崎海軍伝習所で学び、赤松大三郎よりオランダ語の指導を受けた。万延元年（1860）に旗本内田主膳の婿養子となり、姓が変わる。文久元年（1861）に築地軍艦操練所の教授。オランダ留学では、船具や運用術、砲術などを学ぶ。元治元年（1864）に幕府が依頼した建造中の軍艦に「開陽丸」と命名し、その2年後に乗船して帰国。新政府では、大学南校に務め地理書『輿地誌略』など多くの著作を残す。

【英照皇太后】 えいしょうこうたいごう……205
嘉永3年〜大正3年（1850〜1914）

天保5年（1834）に九条尚忠の娘、九条夙子（あさこ）として生まれる。弘化2年（1845）に統仁親王の妃となる。翌年に統仁親王が即位し孝明天皇となり、嘉永元年（1848）に入内し女御の宣下を賜り、准后となった。万延元年（1860）、勅令により中山慶子が産んだ第二皇子祐宮親王を実子とする。慶応2年12月25日（1867年1月30日）、孝明天皇が崩御。明治天皇即位後の慶応4年（1868）に皇太后に冊立される。

【江藤新平】 えとうしんぺい……178
天保5年〜明治7年（1834〜1874）

佐賀藩士。新政府では、参議兼初代司法卿として司法制度の整備や四民平等の推進に尽力していたが、明治6年（1873）に朝鮮出兵を巡る征韓論に敗れ政界を辞す。郷里に戻り明治7年2月に佐賀の乱を起こし、新政府軍に敗れて、同年4月に佐賀城内で斬首された。

【榎本武揚】 えのもとたけあき……75
天保7年〜明治41年（1836〜1908）

伊能忠敬の内弟子で旗本榎本円兵衛武規の子。昌平坂学問所、江川塾、中浜万次郎塾で学ぶ。安政5年（1858）、築地軍艦操練所教授となり、幕府所有の咸臨丸、観光丸、朝陽丸、蟠龍丸の管理にあたった。文久2年（1862）、オランダ留学。オランダでは、航海術、砲術、蒸気機関学を学ぶ。慶応2年（1866）、幕府がオランダに発注した軍艦開陽丸に乗り日本へ帰国。慶応4年、戊辰戦争が始まると、武揚は開陽丸で、紀伊水道で発見した薩摩の春日丸と翔鳳丸を相手に砲撃戦を展開。その後、江戸城無血開城となると、武揚は開陽丸、回天丸、蟠龍丸、千代田形などを率いて品川沖を離れ北進し、松島湾を経て、蝦夷地へ向かった。蝦夷地では選挙によって武揚が「事実上の政権」の総裁となり、明治2年（1869）、新政府軍と箱館戦争を戦った。戦後、黒田清隆の助命活動により、明治5年特赦となり、開拓使四等出仕。明治7年、駐露特命全権公使として、千島・樺太交換条約交渉にあたった。その後は、外務大輔や逓信大臣、農商務大臣などを歴任したほか、メキシコ移民にも尽力した。

【遠藤謹助】えんどう きんすけ……83
天保7年〜明治26年（1836〜1893）

　長州藩士。文久2年（1862）、イギリスに留学。ロンドンで体調を崩すも、勉学に励む。維新後、造幣局に出仕した。近代紙幣の祖としても知られる。

【大河喜太郎】おおかわ きたろう……78
天保3年〜慶応元年（1832〜1865）

　江戸に生まれた。腕の良い鍛冶師で軍艦操練所御用達となる。安政2年（1855）に長崎海軍伝習所で研修が命じられ、蒸気機関の製造法を学んだ。オランダ留学では、鋳物工場や海軍ドックで研修をしていたが、アルコール性肝炎を患い死去した。

【大木喬任】おおき たかとう……177
天保3年〜明治32年（1832〜1899）

　佐賀藩士。藩校「弘道館」で学び「義祭同盟」に参加した。「三職」では参与となり「東京奠都」に尽力する。後、民部卿、文部卿、教部卿を歴任。明治6年（1873）には参議兼司法卿に就任した。

【大久保一翁】おおくぼ いちおう……175
文化14年〜明治21年（1817〜1888）

　幕臣。老中阿部正弘に見出され海防掛、後、蕃書調所頭取となる。駿府、京都の町奉行も務めるが、「安政の大獄」に反対し罷免。「桜田門外の変」後に外国奉行、大目付、御側御用取次を歴任。大政奉還、雄藩の議会政治を推進し、江戸開城後は駿府藩の藩政に尽力した。新政府では第5代東京府知事。

【大久保利通】おおくぼとしみち……106・107・109・173
文政13年〜明治11年（1830〜1878）

　薩摩藩士。薩摩藩の藩政改革に参加し、西郷らと精忠組を結成。その後、討幕論者に転じ、岩倉具視に近づき木戸孝允と謀り、薩長連合を成立させ討幕に尽力した。明治元年（1868）に参議となり版籍奉還や廃藩置県などを実現させ、明治4年には大蔵卿となる。岩倉使節団では副使。征韓論争では、西郷隆盛らを失脚させる。西南戦争では、京都で政府軍を指揮した。

【大隈重信】おおくま しげのぶ……111・176
天保9年〜大正11年（1838〜1922）

　佐賀藩士。藩校致遠館の教授を務め、小松清廉（帯刀）の推挙で慶応4年（1868）に徴士、外国事務局判事。翌年に大蔵大輔。明治3年（1870）参議、明治6年大蔵卿兼務。後、「開拓使官有物払下げ事件」で薩長勢と対立し、「明治十四年の政変」で免官となる。東京専門学校（早稲田大学の前身）を開設。明治31年には、第8代内閣総理大臣となる。

【大関半之助（汎之輔）】おおぜき はんのすけ……87
生没年不詳

　岡山の井原陣屋代官の大津寄家の一族で井原村の郷士。文久元年（1861）に池田家の江戸屋敷の用人となり、その頃から大関の姓を名乗った。第2回遣欧使節団には、40歳頃に池田長発の従者として随行した。

【太田源三郎】おおた げんざぶろう……52・55・60
天保6年〜明治28年（1835〜1895）

　安政6年（1859）に長崎でアメリカ宣教師マゴオンより英語を学んだ。その後、神奈川奉行所手附翻訳方となり、第1回遣欧使節団には通詞として随行した。帰国後は、横浜英学所の教員を務めたことがあるようだ。明治期には工部省鉄道局頭取となっている。

【大鳥圭介】おおとり けいすけ……202
天保4年〜明治44年（1833〜1911）

　旗本。緒方洪庵の「適塾」で学んだのち、江戸では西洋兵学や英語を学ぶ。伝習隊に参加。江戸開城で伝習隊を率いて江戸を脱走。転戦し仙台で榎本武揚と合流。敗北して捕らえられるが、後に出獄、後に英蘭仏語ができることを生かし、日本の殖産興業に尽力した。

【大野規周】おおの のりちか……80
文政3年〜明治19年（1820〜1886）

　江戸の幕府御用時計師の子。安政2年（1855）に福井藩に召し抱えられ測量器械やゲベール銃などを製造した。2年後には、アメリカ製の電信機を浜御殿で実演している。オランダへは、航海用クロノメーターの製造技術を学ぶため派遣された。帰国後、造幣寮に出仕し、明治15年（1882）には大蔵三等技師となる。

【大山巌】おおやま いわお……183
天保13年〜大正5年（1842〜1916）

　薩摩藩士。江川英龍に砲術を学ぶ。戊辰戦争では各地を転戦。明治2年（1869）より4年間渡欧。西南戦争では指揮官として従兄弟の西郷隆盛と対戦した。明治4年、渡欧して近代の軍備、戦術の実際を学んで帰国、日本陸軍の近代化を進めた。明治13年陸軍卿。

【岡鹿之助】おか しかのすけ……67
天保3年〜明治44年（1832〜1911）

　佐賀藩士。長崎海軍伝習所で学び砲術方となった。第1回遣欧使節団からの帰国後は、海軍方に属し砲術の研究をする。

【岡崎藤左衛門】おかざき とうざえもん……60
天保8年〜明治31年（1837〜1898）

　本姓飯久保。開成所取締役、外国奉行並、兵庫奉行などを歴任。維新後は駅逓権大属・司法大録・司法一等属・広島裁判所判事・広島控訴裁判所判事・水戸始審裁判所判事などを歴任。

【小笠原長行】おがさわら ながみち……201

本文掲載写真の補足人物紹介

文政5年～明治24年（1822～1891）

肥前唐津藩初代藩主小笠原長昌の長男。箱館戦争で新政府軍に抗戦して敗北。その後、行方不明となるが、明治5年（1872）に東京に戻り自首。すぐに釈放され隠棲生活を送る。

【小栗忠順】 おぐり ただまさ……23・24・34
文政10年～明治元年（1827～1868）

新潟奉行小栗忠高の子。嘉永6年（1853）、書院番兼進物番となり、安政4年（1857）に使番。安政6年、目付となり、安政7年に第1回遣欧使節団の監察としてポーハタン号に乗船。フィラデルフィアでの造幣局で小栗は3枚の小判の重さと金の含有量を調べるよう申し出て、小判の重さと金の含有量が同じであることをアメリカに証明させ、実質に従った日米の金銀交換レートを作ろうとした。帰国後、外国奉行となり、咸臨丸で対馬に赴き、ロシアの対馬占拠事件の情報収集を行っている。文久2年（1862）から勘定奉行をつとめ、さらには海軍奉行や陸軍奉行を歴任し、横須賀製鉄所や滝野川反射炉を建設するなど、日本の近代化に貢献した。

■か行

【勝海舟】 かつ かいしゅう……21・162・171
文政6年～明治32年（1823～1899）

小普請組勝小吉の子。島田虎之助に入門し、直心影流と他流が加わった一種独特の剣術を取得。永井青崖から蘭学を学び、江戸赤坂に「氷解塾」を開いた。安政2年（1855）、長崎海軍伝習所の第1期生として入所。遣米使節団派遣の際には、ポーハタン号の随行船であった咸臨丸の艦長ではあったが、ポーハタン号に何かあった場合には代わりに交渉を行う「裏使節団」ともいうべき存在であった。帰国後は軍艦奉行として神戸海軍操練所建設を行ったほか、慶応4年（1868）には江戸城無血開城に尽力した。維新後も旧幕臣の救済につとめたほか、徳川慶喜の朝敵解除にこぎつけ、明治天皇との会見のお膳立てをした。

【樺山資紀】 かばやま すけのり……182
天保8年～大正11年（1837～1922）

薩摩藩士。西南戦争では、政府軍の熊本鎮台参謀長として籠城戦を指揮した。日清戦争では海軍軍令部長に就任。明治28年（1895）、初代台湾総督。

【川崎道民】 かわさき どうみん……27・28・52・54・60
天保2年～明治14年（1831～1881）

佐賀藩医松隈甫庵の4男として生まれ、侍医川崎道明の養子となり蘭学を学び、佐賀藩医となった。安政6年（1859）にウェットコロジオン法で藩主鍋島直正らを撮影したとされる。遣米使節団には、御雇医として随行した。文久2年（1862）の遣欧使節団にも、御雇医として随行する。この二度の海外経験で写真・新聞の技術を学んでいる。2ヶ月で廃刊となるが明治5年（1872）に活字印刷の佐賀県新聞を発行する。

【河田熈】 かわだ ひろむ……88
天保6年～明治33年（1835～1900）

文久2年（1862）に外国奉行支配組頭となり、翌年に目付監察として第2回遣欧使節団に随行した。30歳の頃である。帰国後、鎖港の不可を幕府に建言し、やはり免職、閉門となる。その後、許されて開成所頭取、大目付となり、廃藩後は静岡藩少参事・学校掛を歴任する。徳川家の家扶を務める。

【河津祐邦】 かわづ すけくに……88・89
文政4年～明治6年（1821～1873）

旗本天守番河津八郎右衛門祐有の長男。嘉永3年（1850）、家督を継ぎ、翌年、徒目付となる。嘉永7年閏7月、箱館奉行支配調役、同年12月、同組頭に昇進。文久3年（1863）4月新徴組支配、9月には外国奉行、11月に池田使節団副使となる。元治元年（1864）7月帰国するも逼塞。慶応2年（1869）3月、幕府歩兵頭並に復帰。同8月には関東郡代となる。慶応3年8月、最後の長崎奉行に就任。慶応4年1月外国事務副総裁、2月には外国事務総裁となり、さらに同月末に若年寄に昇進。6月、病気に付き御役御免。7月隠居。明治6年（1873）死去。

【川村純義】 かわむら すみよし……179
天保7年～明治37年（1836～1904）

薩摩藩士。藩から選抜され、五代友厚とともに長崎海軍伝習所で学ぶ。戊辰戦争では薩摩藩四番隊長。会津戦争で奮戦。明治7年（1874）に海軍大輔、海軍中将に就任。西南戦争では海軍総司令官として海上からの砲撃や、兵員や物資の輸送をした。後、参議兼海軍卿に就任。死後、海軍大将に昇進する。

【岸珍平】 きし ちんぺい……30・33
生没年不詳

紀州国出身。遣米使節団には、31歳頃に外国奉行支配取調役の吉田佐五衛門の従者として随行した。

【北白川宮能久親王】 きたしらかわのみや よしひさしんのう……208
弘化4年～明治28年（1847～1895）

伏見宮邦家親王9男。仁孝天皇の猶子。梶井門跡の附弟。慶応3年（1867）、上野寛永寺貫主となる。日光輪王寺門跡を継承。上野戦争に巻き込まれ榎本武揚らと東北へ逃避する。戊辰戦争後にドイツ留学。後、陸軍中将。日清戦争で出征中に病にて薨去。

【木戸孝允（桂小五郎）】きど たかよし……106・107・110
天保4年～明治10年（1833～1877）

長州藩の藩医和田昌景の子。小五郎と名付けられ、桂家の養子となった。内藤作兵衛に剣術を学び、松下村塾に入門。江戸に出て江川太郎左衛門、中島三郎助、神田孝平に学んだ。薩長同盟締結後は大久保利通や西郷隆盛らと交流。慶応4年（1868）、岩倉具視の推挙で総裁局顧問専任。「五箇条の御誓文」の作成に携わる。明治3年（1870）に参議に就任。明治7年（1874）の台湾出兵に抗議し辞任。翌年に復帰し参議兼文部卿となるが2年後に病没。

【京極高朗】きょうごく たかあき……51・52
文政7年～元治元年（1824～1864）

旗本。万延元年（1860）に使番から外国掛目付へと昇進し、第1回遣欧使節団では監察に任命された。帰国後は、神奈川奉行、長崎奉行、騎兵奉行に還任となり、元治元年（1864）に再び目付となる。第1次長州征伐の際は将軍徳川家茂に属従。その後、大目付となるが2ヶ月後に41歳で死去する。

【桐野利秋】きりの としあき……181
天保9年～明治10年（1838～1877）

薩摩藩士。幕末期は「人斬り半次郎」という異名がしられるほど、薬丸派自顕流の使い手であった。元治元年（1864）の禁門の変で、西郷隆盛に認められ、戊辰戦争では、会津討伐軍軍監をつとめ、会津城受け取りの大任を果たした。新政府では軍事畑を歩くが、西郷が下野すると鹿児島に戻り、西南戦争では、作戦を取り仕切った。薩軍の四番大隊長兼総指揮長。城山決戦で戦死した。

【グイド・ヴァーベック（フルベッキ）】……209
1830年～1898年

オランダ改革派教会の宣教師として、安政6年（1859）に長崎に来日した。文久3年（1863）に幕府が運営する長崎英語伝習所「済美館」や慶応2年（1866）に長崎に設立された佐賀藩校英語塾「致遠館」の教師となった。明治2年（1869）に東京に移り、開成学校の教師となる。その後、左院、元老院に奉職し、東京築地の居留地に置かれた一致神学校の講師となった。

【楠本正隆】くすもと まさたか……179
天保9年～明治35年（1838～1902）

肥前大村藩士。藩校「五教館」の頭取。尊攘討幕運動で活躍。新政府では徴士となる。明治5年（1872）に新潟県令に就任し、柏崎県を新潟県に合併。第四国立銀行設立に尽力した。また、日本初の市民公園「白山公園」を創設した。

【黒沢新左衛門（貞備）】くろさわ しんざえもん……65
文化6年～明治25年（1809～1892）

糸井京極家（監察京極高朗）の家老格。養父町大藪の小出家の家老格の家である大島家から入婿。第1回遣欧使節団での見聞の記録『欧羅巴航日録』甲・乙をまとめた。

【黒田清隆】くろだ きよたか……177
天保11年～明治33年（1840～1900）

薩摩藩士。薩英戦争に参加、薩長同盟にも尽力する。戊辰戦争後は樺太専任の開拓次官、北海道屯田憲兵事務総理、参議兼開拓長官。第1代伊藤内閣では農商務大臣となる。大日本帝国憲法発布時の第2代内閣総理大臣。

【黒田長知】くろだ ながとも……199
天保9年～明治35年（1838～1902）

福岡藩第12代藩主。長溥の養子で世子としてその代理役を務め、公武合体策などを推進した。文久3年（1863）8月18日の政変後に上洛し、朝廷と幕府に長州藩の赦免をとりもち、福岡に帰る途中、長州で毛利元徳と会見し、幕府への謝罪と恭順を勧めている。元治元年（1864）の第1次長州征伐では福岡藩は長州藩追討の命を受け、長州に身を寄せていた三条実美ら公卿たちの身柄を預かった。小倉に布陣した征長副総裁松平茂昭にも長州藩の赦免を力説した。明治2年（1869）、廃藩置県により知藩事となる。

【黒田長溥】くろだ ながひろ……199・201
文化8年～明治20年（1811～1887）

福岡藩第11代藩主。蘭学を好み、開国派で精錬所や医学校養成館を設けた。

【五代友厚】ごだい ともあつ……93
天保6年～明治18年（1835～1885）

薩摩藩士。安政4年（1857）、長崎海軍伝習所で学ぶ。文久3年（1863）の薩英戦争では談判中に戦闘となり、寺島宗則とともに捕虜となった。慶応元年（1865）、薩摩藩留学生を率いて英国密航留学を果たす。その際、ベルギーで貿易商社設立契約に携わる。明治元年（1868）に外国事務掛、初代大阪税関長。翌年に退官し、実業家に転身。

【後藤象二郎】ごとう しょうじろう……172
天保9年～明治30年（1838～1897）

土佐藩士。吉田東洋が義叔父にあたる。文久2年（1862）に大監察となり、土佐勤王党を投獄した。慶応2年（1866）、土佐前藩主山内容堂の命で、薩摩や長崎、上海に赴き、艦船や兵器の買い付けをする。この頃に坂本龍馬と会合をもち、ともに「船中八策」を作成。容堂を説得して、土佐藩より大政奉還の建白書を幕府に提出。そしてそれを徳川慶喜に実現させた。新政府では、征韓論に敗れるが、長く政界にとど

本文掲載写真の補足人物紹介

まった。

【小松宮彰仁親王】 こまつのみや あきひとしんのう……207
弘化3年～明治36年（1846～1903）

伏見宮邦家親王の8男。明治15年（1882）、小松宮と改める。明治19年、軍事視察で再度渡欧。明治23年、陸軍大将。明治31年、元帥。明治33年、イギリス国王エドワード7世の戴冠式に明治天皇の名代として出席。仁和寺宮純仁親王（206頁）と東伏見宮彰仁親王（206頁）は同じ人物。

【小松宮頼子】 こまつのみや よりこ……207
嘉永5年～大正3年（1852～1914）

久留米藩主有馬頼咸の長女。明治2年（1869）、仁和寺宮純仁親王（のちの小松宮彰仁親王）と結婚。篤志看護婦人会総裁をつとめた。夫婦の間に子供はいなかった。明治19年、彰仁親王とともにヨーロッパを訪れた際に、ブランド品を買いあさり、明治天皇に激怒された。

■さ行

【西郷隆盛】 さいごう たかもり……173
文政10年～明治10年（1828～1877）

薩摩藩士。島津斉彬に見出され郡方書役助から江戸詰の御庭方役となる。斉彬の死後、流刑となるが、大久保利通らに救われ藩政に復帰。禁門の変や薩長同盟成立、王政復古の実現に活躍した。戊辰戦争では幕府の降伏交渉を受け入れ江戸の総攻撃を中止とする。明治4年（1871）に太政官の参議に就任。後、陸軍大将兼参議。明治6年の対朝鮮問題をめぐる征韓論争では、板垣退助らの武力で解決する征韓論と、西郷の自らが全権大使となり朝鮮に赴き解決する案がぶつかり、西郷案が太政大臣三条実美の承諾を得て可決されるが、そこへ岩倉使節団が帰国し反対、遣韓中止となった。征韓派は一斉に下野。西郷は帰郷し鹿児島に私学校を設立する。西南戦争での死の翌日、官位を褫奪（ちだつ）され賊軍の将とされたが、明治天皇の意向で明治22年に正三位が追贈された。享年51歳。

【西郷従道】 さいごう つぐみち……183
天保14年～明治35年（1843～1902）

薩摩藩士。隆盛の弟。茶坊主であったが「精忠組」に参加し、薩英戦争では「決死隊」に志願。戊辰戦争では貫通銃創を受けるが各地を転戦。明治7年（1874）には、ほぼ独断で台湾出兵は蕃地事務都督となり指揮を執る。西南戦争後に近衛都督、参議、陸軍卿、農商務卿などを歴任。第1代伊藤内閣では、海軍大臣。明治20年、日本で初の海軍大将となる。

【斉藤次郎太郎】 さいとう じろうたろう……90
生没年不詳

詳細は不詳であるが、第2回遣欧使節団には34歳の頃に随行した。

【斎藤大之進】 さいとう だいのしん……52・60・66
文政5年～明治4年（1822～1871）

上野（群馬）の豪農の家に生まれた。江戸に出て、嘉永・安政期（1848～1860）には徒目付。水野忠徳の推挙で外国方同心となる。文久元年（1861）に、14名の水戸浪士がイギリス公使館である江戸の東禅寺を襲撃した時、居合わせ撃退した。翌年に旗本に昇進。第1回遣欧使節団に随行した際、ロンドンでビクトリア女王より東禅寺事件の功を賞され、銀製の賞牌と賞状を賜った。帰国後は神奈川奉行改役となり、維新後は土木大丞兼灯台局長として明治政府に出仕する。

【坂本泰吉郎】 さかもと たいきちろう……32
生没年不詳

武蔵国八王子千人町出身。遣米使節団には、20歳頃に小人目付の粟島彦八郎の従者として随行した。

【坂本龍馬】 さかもと りょうま……170
天保6年～慶応3年（1835～1867）

土佐藩郷士。千葉道場、佐久間象山に学ぶ。土佐勤王党に加盟。文久2年（1862）に脱藩し薩摩藩の勤王義挙参加を目的に京都へ。寺田屋事件後に江戸で勝海舟に入門。軍艦奉行の勝が提案した「神戸海軍操練所」と「神戸海軍塾」の創立に奔走。長崎で「亀山社中」を結成。慶応3年（1867）に脱藩が赦免され「亀山社中」を土佐藩の組織とし「海援隊」と改称。「薩長同盟」を斡旋し「船中八策」を策定。京都の近江屋で暗殺される。享年33歳。

【佐々木高行】 ささき たかゆき……113
文政13年～明治43年（1830～1910）

土佐藩士。藩主山内容堂の側近として藩政に活躍。後藤象二郎や坂本龍馬と「薩土同盟」や「大政奉還」の建白について協議した。戊辰戦争では海援隊を率いて長崎奉行所を接収し参謀助役に就任。明治2年（1869）に刑法官副知事。後、参議、司法大輔、参議兼工部卿。

【佐藤恒蔵】 さとう つねぞう……69
文政7年～明治38年（1824～1906）

杵築藩士。勝海舟の塾に入門。長崎海軍伝習所や築地軍艦操練所、神奈川砲台などの設置の際、縄張りや設計に加わった。万延元年（1860）の遣米使節団には、賄方として随行。海軍造船所や砦、砲台、武器弾薬などを視察し『欧米日記』を記す。遣欧使節団には、賄方並小役として随行。帰国後は藩に戻り、教練十人扶持給人同格被仰付まで昇格する。その後、

239

杵築藩校の学習館で兵式訓練の教師を務める。

【佐野鼎（貞輔）】 さの かなえ……69
文政12年～明治10年（1829～1877）

　駿河国富士郡水戸島村郷士佐野小右衛門の子。下曽根信敦の塾で西洋砲術を学び、安政2年（1855）、下曽根の子次郎助に従い、長崎海軍伝習第1期生として参加し、蒸気船の運用や航海術、測量術などを学んだ。安政4年、加賀藩に砲術師範として雇われた。加賀藩の洋式兵学校壮猶館で砲術などの指導をした。万延遣米使節団、及び文久遣欧使節団に参加。帰国後、文久3年（1863）には加賀藩の軍艦奉行補佐となり、七尾軍艦操練所や西町軍艦所に派遣されたほか、加賀藩の鉄製軍艦発機丸購入にも携わった。慶応3年（1867）、鼎は「ご軍事に付御内用」を命じられ、軍制改革に伴う藩直属の機密諮問機関に参画した。明治3年（1870）、兵部省に入り、明治4年、造兵正に任官した。その後、神田相生橋の土地の払い下げを受け、ここに共立学校（現開成学園）を設立した。

【佐野常民】 さの つねたみ……100
文政5年～明治35年（1822～1902）

　佐賀藩士。長崎海軍伝習所の第一期生。パリ万博に随行し国際赤十字を見聞。明治元年（1868）に帰国。新政府に出仕し工部大丞、博覧会御用掛、元老院議官、大蔵卿などを歴任。

【鮫島尚信】 さめじま なおのぶ……95
弘化2年～明治13年（1845～1880）

　薩摩藩士。藩の密航留学生の1人。明治元年（1868）に帰国し新政府に出仕。明治8年には、外務大輔まで昇進。後、2度目の駐仏特命全権公使となるがパリで病没。享年36歳。

【澤太郎左衛門】 さわ たろうざえもん……80・202
天保5年～明治31年（1834～1898）

　幕臣。安政4年（1857）長崎海軍伝習所で学ぶ。万延元年（1860）に築地軍艦操練所の教授方となる。オランダ留学では、大砲や火薬について研究。慶応3年（1867）3月に帰国後、幕府軍艦頭並となる。戊辰戦争では、降伏し投獄。明治5年（1872）に放免。新政府では、開拓使御用掛から海軍一等教官まで昇進する。

【三条実美】 さんじょう さねとみ……208
天保8年～明治24年（1837～1891）

　公家。文久3年（1863）、公武合体派に敗れ「八月十八日の政変」で朝廷を追われ、「七卿落ち」のひとりとなる。長州を経て太宰府で幽閉。慶応3年（1867）、王政復古で復帰し「三職」の議定に就任。明治2年（1869）に右大臣。明治4年に太政大臣。征韓論の対立では板挟みとなり、その心労から錯乱状態に陥る。内閣制度発足後は内大臣となり、天皇を補佐し華族社会のまとめ役に徹した。

【柴田剛中（貞太郎）】 しばた たけなか……51・52
文政6年～明治10年（1823～1877）

　旗本。安政5年（1858）に外国奉行支配組頭となり、欧米外交官との交渉や外国人殺傷事件の処理など、外交の第一線で活躍した。第1回遣欧使節団には組頭として随行し、常に一行の要となる。帰国後は外国奉行並となり箱館に勤務。諸大夫となる。慶応元年（1865）には、理事官としてイギリスとフランスに派遣され、技師の雇い入れや各種機械の購入、軍事教官派遣の契約などの手配をする。慶応3年に大坂奉行兼兵庫奉行となり、大政奉還後に隠居。政権が移り、新政府から出仕要請が何度もあったが全て断ったという。

【渋沢栄一】 しぶさわ えいいち……101
天保11年～昭和6年（1840～1931）

　幕臣。パリ万博に随行。維新後は大隈重信の推挙で大蔵省に出仕するが大久保利通や大隈と対立し退官。出仕中に設立を指導した第一国立銀行の頭取に就任。実業家に転身する。

【島田一郎】 しまだ いちろう……176
嘉永元年～明治11年（1848～1878）

　加賀藩士。藩校「壮猶館」に学ぶ。長州征伐、戊辰戦争に参加。御歩並。廃藩置県後に陸軍軍人を目指しフランス式兵学を学ぶ。中尉まで昇進。士族の反乱が続き、それに煽られ、自らも金沢や西南戦争で挙兵計画を企てるが失敗し、要人暗殺に思考を切り替えた。大久保利通を暗殺後に自首。斬首刑に処される。享年31歳。

【島津珍彦】 しまづ うずひこ……200
天保15年～明治43年（1844～1910）

　島津久光の4男で、薩摩藩の藩主一門。禁門の変や鳥羽・伏見の戦い、箱館戦争にも従軍した。島津忠義は兄である。明治になって、照国神社宮司、鹿児島県立中学造士館長を歴任。

【島津忠義】 しまづ ただよし……200
天保11年～明治30年（1840～1897）

　薩摩藩12代藩主。明治2年（1869）、薩摩藩知事に就任。明治4年の廃藩置県後に、公爵となる。

【島津久光】 しまづ ひさみつ……189
文化14年～明治20年（1817～1887）

　11代薩摩藩主島津斉彬亡き後、12代藩主島津忠義の実父として権力を握る。文久2年（1862）に幕府に改革を求めた後、その帰りに生麦事件を起こし、翌年、薩英戦争を戦う。慶応2年（1866）にはイギリス特命全権公使パークス一行を鹿児島に迎え、友好関係を示す。維新後、廃藩置県に反発するなど、新政府と対立するも、西南戦争では中立を唱えた。明治20

本文掲載写真の補足人物紹介

年（1887）死去、鹿児島で国葬された。

【重兵衛】　じゅうべえ……62
生没年不詳

商人の伊勢屋八兵衛の手代で、第1回遣欧使節団には、26歳頃に随行した。

【昭憲皇太后　美子】
しょうけんこうたいごう　はるこ……205
嘉永3年～大正3年（1850～1914）

明治19年（1885）に和装から洋装に切り替えた。明治28年3月14日、葉山村の小学校に200円、村民に200円、計400円を下賜。これ以前から、葉山の御用邸を訪れるときに、しばしば葉山村に寄付を行っていたようである。皇太后は和歌をよく愛し、『昭憲皇太后御集』を残している。

【新見正興】　しんみ　まさおき……19・23
文政5年～明治2年（1822～1869）

三浦美作守義韶の次男として江戸に生まれた。安政元年（1854）より外国奉行、次いで神奈川奉行を兼任し、日本初の遣外使節の正使となる。批准書の交換という使命を無事に果たし、帰国後に300石加増となった。しかし、当時の日本は、開国を反対する攘夷運動が激化しており、アメリカでの見聞を十分に述べる機会がなかったという。その後は外国奉行を専任し伊勢守となり、元治元年（1864）に免職。慶応2年（1866）に隠居する。歌文紀行『亜行詠』が残されている。

【C・E・デロング】　……105・107
1832年～1876年

ニューヨークに生まれた。カルフォルニアへ移住し、1857年には州下院議員となる。明治元年（1868）から明治6年まで日本駐在のアメリカ公使を務め、使節団に同行し、通訳などの世話をした。

【C・W・ブルークス】　……107
1833年～1885年

マサチューセッツ州に生まれた。慶応3年（1867）に幕府よりサンフランシスコ領事を委嘱され、新政府でも在任した。使節団をサンフランシスコで出迎え、ワシントンでの日米会談に日本側の委員として列席。そのまま使節団に随行し、来日して明治天皇に謁見する。

【杉孫七郎】　すぎ　まごしちろう……62
天保6年～大正9年（1835～1920）

長州藩士植木五郎右衛門の次男として生まれ、同藩の杉家の養子となった。安政2年（1855）に明倫館に入門。その後、各地で剣術修業をし、万延元年（1860）に銃陣助教となった。第1回遣欧使節団から帰国後は直目付となる。元治元年（1864）の四国連合艦隊との戦いでは、馬関に赴き参戦。その後の交渉にも関与する。慶応3年（1867）に討幕軍の参謀となる。新政府では山口藩権大参事、宮内大丞、秋田県県令、宮内大輔などを歴任する。

【杉浦譲】　すぎうら　ゆずる……101
天保6年～明治10年（1835～1877）

甲府勤番士の子。外国奉行支配書物調役となりパリ万博に随行。維新後は推挙され民部省改正掛。前島密と郵便制度確立に尽力。後、駅逓正兼地理権正。43歳で病没。

【相馬誠胤】　そうま　ともたね……201
嘉永5年～明治25年（1852～1892）

陸奥中村藩13代藩主。戊辰戦争では、奥羽越列藩同盟に加わり新政府軍と戦った。明治3年（1870）に仙台藩知事に就任。明治2年、中村藩知事に就任。明治4年の廃藩置県後、免官となる。

【副島種臣】　そえじま　たねおみ……179
文政11年～明治38年（1828～1905）

佐賀藩士。藩校「弘道館」や長崎「致遠館」で学ぶ。慶応4年（1868）に参与、制度取調局判事。翌年に参議に就任し、後、外務卿。征韓論争に敗れ辞任し、板垣退助らと愛国公党を結成。宮内省一等侍講、宮中顧問官、枢密院副議長、第4代松方内閣の内務大臣に就任。

■た行

【高島鞆之助】　たかしま　とものすけ……179
天保15年～大正5年（1844～1916）

薩摩藩士。藩校「造士館」に学ぶ。西南戦争では政府軍別働第1旅団司令官。第4代松方内閣で陸軍大臣。第5代伊藤内閣で拓殖務大臣。第6代松方内閣で陸軍大臣。

【高島祐啓】　たかしま　ゆうけい……71
天保3年～明治14年（1832～1881）

幕府の漢方医。第1回遣欧使節団には、医師として随行した。帰国後に『欧西紀行』を著す。その後、将軍徳川家茂の侍医となり、維新後は浅田宗伯、今村了庵らと病院を設立。著作に『軍陣救急便方』、岡田昌春と共著で『騰寿館医籍備考』などがある。

【高杉晋作】　たかすぎ　しんさく……73
天保10年～慶応3年（1839～1867）

長州藩士。上海使節団では、小人目付・犬塚鑅三郎の従者として上海に渡る。安政4年（1857）、吉田松陰の「松下村塾」で学ぶ。文久2年（1862）に「御楯組」を組織し、江戸の英国公使館の焼き討ちを行う。藩命で「奇兵隊」を結成。下関戦争では講和にあたる。藩政を握り、第2次長州征伐では藩の討幕派を指揮し勝利。慶応3年（1867）病没。享年27歳。

【高橋是清】 たかはし これきよ……179
嘉永7年〜昭和11年（1854〜1936）

　仙台藩士。藩命でアメリカ留学をするが現地で騙され奴隷扱いを受け帰国。明治6年（1873）、留学中に知遇を得た森有礼の推挙で文部省出仕。後、農商務省出仕、特許局初代局長。第16代山本内閣の大蔵大臣。第20代内閣総理大臣。

【高松彦三郎】 たかまつ ひこさぶろう……61
文化15年〜文久3年（1818〜1863）

　長部村（現千葉県旭市）の農民指導者大原幽学が「牛渡村一件」に巻き込まれたとき、父彦七郎と彦三郎が彼を江戸で匿った。彦三郎はこの裁判で幽学を「叔父」としている。嘉永6年（1853）に小人目付となり、品川台場造営工事の進行役を担当し、『内海御台場築立御普請御用中日記』を書き残している。安政2年（1855）の長崎海軍伝習に加わり、主に会計、及び雑務取扱を学んだ。文久使節団帰国後も福沢諭吉と交友があった。

【田口俊平】 たぐち しゅんぺい……78
文化15年〜慶応3年（1818〜1867）

　美濃国の医師の安江隆成の3男。天保9年（1838）に長崎の洋式練兵所で砲術の研究をした。父の生家田口家に入り姓が変わる。弘化5年（1847）に江川塾に入門。安政5年（1858）に西洋砲術及び蘭学の師範となり、長崎海軍伝習所、次いで築地軍艦操練所に勤務。オランダ留学では、開陽丸建造の技術者として建造の監督と測量術や砲術を学んだ。開陽丸で帰国。海軍操練所の御用掛となるが、すぐに病死する。

【竹内保徳】 たけのうち やすのり……50・52
文化4年〜慶応3年（1807〜1867）

　嘉永6年（1853）に台場普請掛、大砲鋳立掛、大船製造掛、米使応接掛を兼任し、翌年に箱館奉行、文久元年（1861）に勘定奉行、外国奉行に就任した。第1回遣欧使節団では、正使としてイギリスでロンドン覚書を締結したのを皮切りに、各国に江戸、大坂の開市、新潟、神戸の開港の5年延期を認めさせた。しかし、ロシアとの国境問題が解決できなかった。帰国後、元治元年（1864）に大坂町奉行、西の丸留守居となり、翌年には横浜製鉄所御用頭取を務めた。2年後に62歳で死去する。

【立広作】 たち こうさく……52・53・71
弘化2年〜明治12年（1845〜1879）

　江戸に生まれたが、幼少の頃に父と箱館に渡る。そこで名村五八郎から英語、カション神父から仏語を学んだ。当時は仏語ができる人材が少なく、第1回遣欧使節団には17歳で通訳に選ばれた。帰国後は横須賀製鉄所詰役官となり、フランス人技師の通訳をする。新政府には、外務省、大蔵省に出仕し昇進。退任後は、第九十五国立銀行頭取に就任する。

【伊達宗敦】 だて むねあつ……201
嘉永3年〜明治43年（1852〜1910）

　伊達宗城の息子で、仙台藩13代藩主伊達慶邦の養子となる。戊辰戦争では、慶邦とともに奥羽越列藩同盟に与する。明治3年（1870）に仙台藩知事に就任。明治4年の廃藩置県後、イギリスに留学し、後に男爵となる。

【伊達宗城】 だて むねなり……188
文政元年〜明治25年（1818〜1892）

　旗本山口直勝の次男。文政12年（1829）、伊達宗紀の養子となり、弘化元年（1844）、8代宇和島藩主となる。高野長英や村田蔵六（大村益次郎）を採用したほか、中井弘を宇和島藩周旋方で雇うなど、人材採用に長けていた。新政府の外国局知事などをつとめ、明治初期の外交問題を解決していった。また、大蔵卿や民部卿など当時の事実上の内政のトップに就いたほか、明治4年（1871）には全権大使として日清修好条規を天津で調印した。

【立石斧次郎】 たていし おのじろう……26・31・35
天保14年〜大正6年（1843〜1917）

　長崎奉行所でオランダ通詞をしていた養父の立石得十郎が遣米使節に選ばれたことから、無給通詞見習として17歳で随行した。英語とオランダ語が話せたので、アメリカではその賢さと人柄が人気となり、養父が幼名の「為」（ため）と呼んでいたところから「トミー」と呼ばれ親しまれた。帰国後は、御雇通詞やアメリカ公使館に雇用され、その後、英語塾を開設。明治になると長野桂次郎と改名し、明治4年（1871）に岩倉使節団にも随行する。

【立石得十郎】 たていし とくじゅうろう……15・23
文政12年〜？（1829〜？）

　長崎のオランダ通詞。安政元年（1854）のペリー来航時、森山多吉郎とともに交渉の通訳を務める。万延元年（1860）、養子・斧次郎とともに遣米使節に随行する。著書に『旧幕使節米航紀行』がある。

【田中不二麿】 たなか ふじまろ……115
弘化2年〜明治42年（1845〜1909）

　尾張藩士。藩校「明倫堂」で学ぶ。尊王攘夷思想の徳川慶勝に従い藩論の統一に尽力。「三職」で参与。新政府出仕で岩倉使節団に随行。欧米に渡って教育制度の調査に当たった。文部大輔就任。教育令を建白。明治13年（1880）、司法卿となる。

【田中光儀（廉太郎）】 たなか みつよし……89
生没年不詳

本文掲載写真の補足人物紹介

幕臣。安政元年（1854）にペリー提督が再来航した際、浦賀奉行所の与力として下田で任にあたった。その時にE・ブラウン・Jr.が撮影した田中光儀のダゲレオタイプが残されている。その後、外国奉行支配調役となり、使節団には37歳頃に勘定格調役として随行した。

【田辺太一】 たなべ やすかず……101
天保2年～大正4年（1831～1915）

幕臣。文久元年（1861）、外国奉行支配組頭へ昇進。第2回遣欧使節団（1863）に参加。慶応3年（1867）の徳川昭武のパリ万国博覧会に随行。維新後の明治3年（1870）、外務少丞。岩倉使節団、台湾出兵で外交を補佐。外務省大書記官、勅任官、元老院議官などを歴任。

【谷干城】 たに たてき……182
天保8年～明治44年（1837～1911）

土佐藩士。戊辰戦争では、土佐藩兵からなる迅衝隊を率いて、各所の戦線で奮戦する。西南戦争では政府軍の熊本鎮台司令長官として、赴任していた熊本城を守った。第1次伊藤博文内閣では、農商務相となる。

【谷文一】 たに ぶんいち……25
生没年不詳

谷文晁の孫で谷文一（一世）の息子。初名は権太郎、文政8年（1825）から文政12年まで文権、文政13年（天保元年）1月から5月までには文逸、天保7年（1836）までには文一と名乗った。遣米使節団には正使新見の従者として随行。文一はアメリカの馬車やドレスを着た男女の舞踏の様子、煙をあげながら走る機関車、子供を抱く人の様子など、様々な風俗や物を描いた。帰国後と思われるが、宮津藩給人格御次詰となり、宮津で没している。

【玉虫左太夫】 たまむし さだゆう……27・31・33
文政6年～明治2年（1823～1869）

仙台藩士。藩校「養賢堂」の儒学者・斎藤真典に学んだ。弘化3年（1846）頃に江戸に出て、大学頭林復斎に師事し塾長となる。安政元年（1854）頃に仙台藩邸の順造館に住み、俊才たちを育てた。その後、箱館奉行堀織部正に随行し蝦夷地を視察。『蝦夷紀行』を著す。使節団には自ら願い出て、正使の新見正興の従者として随行し『航米日録』を著す。帰国後は、御小姓組並、養賢堂指南頭取を歴任し気仙沼に製塩所を設立。戊辰戦争では、榎本武揚が率いる軍艦に乗り込み、北海道へ赴く計画をたてるが失敗。捕縛され、切腹と家跡没収の命が下り自刃する。奥羽越列藩同盟の軍務局頭取副頭取を務めている。

【塚原重五郎】 つかはら じゅうごろう……23・35
文政8年～?（1825～?）

幕臣。新見正興の万延元年遣米使節団に随行。その後、大目付、外国奉行を歴任。鳥羽・伏見の戦いでは副総督として幕府軍を指揮した。慶応4年（1868）年、アメリカに政治亡命するが、明治4年（1871）に自首し、静岡藩御預処分となる。翌年に赦免され、その後、明治政府に出仕して、内務省で活躍した。

【津田真道】 つだ まみち……76
文政12年～明治36年（1829～1903）

津山藩士。嘉永3年（1850）に脱藩し江戸に出て、箕作阮甫と伊東玄朴に蘭学、佐久間象山に兵学を学んだ。安政4年（1857）に蕃書調所の教授手伝並となる。オランダ留学では、西周とともにライデン大学で学び、元治元年（1864）にフリーメイソンに入会した。慶応元年（1865）12月に帰国。翌年にライデン大学の講義録を『泰西国法論』として翻訳する。維新後は、司法省に出仕。福沢諭吉や森有礼らとともに「明六社」を結成。後、衆議院副議長となる。

【津田むめ（梅子）】 つだ うめ……116・117
元治元年～昭和3年（1864～1928）

佐倉藩士津田仙の次女。明治4年（1871）に仙が北海道開拓使の嘱託となったこともあり、娘を北海道開拓使派遣女子留学生に応募し渡米した。明治11年（1878）にコレジェト校を卒業。インスティチュート女学校を明治15年に卒業し帰国。築地海岸女学校、下田歌子の桃夭女塾で英語を教え、伊藤博文家の通訳兼家庭教師などをつとめた。同18年から華族女学校教授をつとめ、この間再び渡米し、ブリンマー・カレッジに留学。同31年、東京女子高等師範学校教授兼任。同33年に女子英学塾を東京麹町に開校する。津田塾大学の前身である。

【寺島宗則】 てらじま むねのり……70・177
天保3年～明治26年（1832～1893）

元は松木弘安。薩摩藩主侍医。中津藩江戸藩邸内の蘭学塾（慶應義塾の前身）で学ぶ。英語も学び文久元年（1861）の第1回遣欧使節団に随行。維新後は外交官となる。明治5年（1872）、初代駐英日本公使。翌年に参議兼外務卿に就任。後、文部卿、元老院議長、駐米日本公使などを歴任した。

【東郷平八郎】 とうごう へいはちろう……183
弘化4年～昭和9年（1847～1934）

薩摩藩士。17歳時に勃発した薩英戦争に従軍。薩摩藩海軍局出仕。戊辰戦争では阿波沖海戦、宮古湾海戦を経験し、新潟や箱館を転戦。明治4年（1871）より7年間イギリスへ官費留学。日清戦争では「浪速」の艦長、日露戦争で連合艦隊司令長官を務める。日本海海戦でバルチック艦隊を壊滅させた海軍大将。退役後は質

素な暮らしを続けた。

【徳川昭武】とくがわ あきたけ……97・98
嘉永6年～明治43年（1853～1910）

　江戸の水戸藩中屋敷で生まれた。慶応2年（1867）に清水徳川家を相続し、パリ万国博覧会に徳川慶喜の名代としてパリへ派遣された。博覧会が終わると、条約締盟国との親善のためスイス、オランダ、ベルギー、イタリア、イギリスを周り、幕府の代表として各国の王と謁見。その後、大政奉還を知り新政府から帰国命令書が届く。明治元年（1868）12月に帰国。水戸徳川家の藩主となるが、版籍奉還で水戸藩知事とされる。明治4年の廃藩置県では、藩知事を免職。向島の旧水戸藩下屋敷で暮す。明治7年に陸軍少尉に任官。明治9年にフィラデルフィア万国博覧会に御用掛としてアメリカへ渡り、そのまま2度目のフランス留学をした。その後、欧州旅行を経て明治13年に帰国。明治16年に隠居となる。

【徳川家達】とくがわ いえさと……197
明治元年～昭和15年（1863～1940）

　田安徳川家の慶頼の3男。幼名は亀之助。家茂の遺言で天璋院は、亀之助の宗家相続を望んだがまだ幼く、慶喜が将軍となった。慶応4年（1868）に慶喜が宗家相続を許可し、駿府藩主となる。従三位左近衛権中将。翌年に静岡藩知事。静岡藩知事就任5歳11ヶ月。駿府を静岡と改称する。後、貴族院議長。第6代目本赤十字社長。

【徳川慶喜】
とくがわ よしのぶ……190・191・192・193・194・195・196
天保8年～大正2年（1837～1913）

　15代将軍に就任した慶喜は、フランスのレオン・ロッシュ（1809～1900）を頼り、幕府の軍制改革に着手した。特に陸軍はフランスから軍事顧問団を招いた。さらに、慶喜は倒幕派をけん制するため、兵庫開港を急ぎ、慶応3年（1867）大坂城に諸外国の公使を集め兵庫を開港する旨を伝えた。これによって、倒幕派が幕府を攻撃する口実を失い、新たな作戦を立てる必要が生じた。岩倉具視らは「討幕の密勅」を仕掛けるが、慶喜は「大政奉還」の上表を提出し、江戸幕府の歴史は終幕した。

【戸田氏栄】とだうじよし……15
寛政11年～安政5年（1799～1858）

　幕臣。ペリー来航時、浦賀奉行として折衝役となった。ペリー再来航時も、日米交渉の全権を命じられ、日米両国間において日米和親条約を結んだ。その後、大坂奉行に栄進した。

【トーマス・グラバー】……209
（1838～1911）

　安政6年（1859）に来日し、長崎に貿易商グラバー商会を設立する。最初は茶や絹、樟脳などの輸出を中心としていたが、軍備の近代化を目指す幕府や薩摩、長州など各藩から武器弾薬、艦船などの輸入依頼を受け巨利を得た。坂本龍馬が興した亀山社中とも武器の取引を行った。混乱した日本国内の情勢の中にいて、トーマス自身は次第に倒幕派への支援をするようになったという。長州藩や薩摩藩の密航留学の手助けもしている。しかし、諸藩からの掛売り金が徐々に回収できなくなり、さらに維新後は武器の需要も減って、明治3年（1870）にグラバー商会は破産。その後は、高島炭鉱の業務や三菱財閥の顧問を務めた。

【鳥居八十五郎】とりい やそごろう……221
嘉永3年～明治30年（1850～1897）

　鳥居八十五郎は旧名で、酒井忠恕の名で著名な人物である。嘉永3年（1850）に生まれ、慶応元年（1865）に横浜の仏学伝習所の第一期生となり、その後フランスの兵学書などを翻訳した。

■な行

【永井繁子】ながい しげこ……116
文久2年～昭和3年（1862～1928）

　幕府軍医・永井久太郎の養女。新政府の第1回海外女子留学生として渡米。ヴァッサー大学音楽学校に入学。10年後に帰国。海軍軍人・瓜生外吉と結婚、東京音楽学校の教員となる。

【中岡慎太郎】なかおか しんたろう……175
天保9年～慶応3年（1838～1867）

　土佐の大庄屋の長男。武市半平太の土佐勤王党に加盟。土佐で尊王攘夷弾圧が始まると、土佐を脱して長州に潜伏。京都を迂回して都落ちした三条実美の随臣となる。禁門の変や下関戦争に参戦。慶応元年（1865）、坂本龍馬とともに薩長同盟締結にも尽力した。龍馬の海援隊を参考に「陸援隊」を組織した。坂本龍馬を訪問中にともに京都近江屋で襲撃され2日後に死去した。

【中島兼吉】なかじま かねきち……81
文政12年～明治40年（1829～1907）

　越後国高田藩士の養子で藩お抱えの鋳物師。大砲鋳造の技術をかわれ、オランダ留学生に抜擢された。現地では鋳物工場でその技術を学んだ。帰国後、軍艦操練所に出仕となる。維新後は、大坂砲兵工廠や東京砲兵工廠の技師、副提理を務め、明治14年（1881）に中島鉄工場を設立する。彫刻家の高村光雲の父である。

【中原猶介】なかはら ゆうすけ……174
天保3年～慶応4年（1832～1868）

本文掲載写真の補足人物紹介

鹿児島城下上荒田（現上之園町）で中原尚道の子として生まれる。「集成館」事業では、反射炉や軍艦を造った。その後、江戸に向かい、安井息軒から漢学を、杉田成卿から蘭学を学んだ。安政5年（1858）、薩摩藩の軍制改革や軍事訓練にあたった。その後、江川塾で学び、文久2年（1862）には塾頭になった。帰国後、薩英戦争後の海軍の立て直し、砲台の改善などにつとめた。元治元年（1864）の禁門の変では軍賦役。第2次長州征伐では長崎で長州藩の軍備品購入の斡旋をした。戊辰戦争では、海軍参謀をつとめた。長岡戦争で負傷後、死去。

【中牟田倉之助】 なかむた くらのすけ……73
天保8年～大正5年（1837～1916）

　佐賀藩士。長崎海軍伝習所で学ぶ。戊辰戦争は政府軍につき北越、箱館に参戦。その勲功で海軍中佐となり海軍兵学寮校長に就任。西南戦争の勲功で海軍中将となる。後、海軍大学校長。

【永持五郎次（明徳）】 ながもち ごろうじ……64
弘化2年～明治37年（1845～1904）

　上総国の豪農の家に生まれ、永持亨次郎の養子となった。長崎で蘭学を学び、第1回遣欧使節団には17歳の時に、叔父で組頭の柴田剛中の従者として随行した。維新後、沼津兵学校三等教授、近衛砲兵第17隊長などを歴任。

【永山弥一郎】 ながやま やいちろう……181
天保9年～明治10年（1838～1877）

　薩摩藩士。戊辰戦争では、下四番小隊の軍監として鳥羽・伏見の戦い、白河の戦い、会津戦争などを転戦した。明治4年（1871）、陸軍少佐、その後中佐となり、西郷隆盛に従った西南戦争では薩軍の三番大隊長。御船の戦いで敗れ、自刃。

【長与専斎】 ながよ せんさい……115
天保9年～明治35年（1838～1902）

　肥前大村藩侍医。長崎でポンペやボードウィンに学び、長崎の「精得館」の医師頭取に就任する。明治4年（1871）、岩倉使節団に随行し医学や衛生行政を視察。明治7年（1874）、文部省医務局長兼東京医学校校長。

【鍋島直大】 なべしま なおひろ……114
弘化3年～大正10年（1846～1921）

　佐賀藩第11代藩主。戊辰戦争は新政府軍側で佐賀藩兵を指揮。新政府では議定に就任。岩倉使節団で欧米留学を経て、外務省御用掛となる。後、駐イタリア王国特命全権公使。鹿鳴館や競馬場、鉄道などの建設、音楽推進など近代化政策に尽力する。

【名村五八郎】 なむら ごはちろう……35
文政9年～明治9年（1826～1876）

　長崎の通詞。嘉永6年（1853）、ペリー艦隊の浦賀来航後、江戸に出仕。安政元年（1854）の日米和親条約では、条約の12箇条文の和訳のため、堀達之助や森山栄之助の作業の助けにあたった。安政6年（1860）、遣米使節一行に随従する。帰国後は箱館において職務に励み、慶応2年（1866）には遣露使節に随従した。

【成島柳北】 なるしま りゅうほく……203
天保8年～明治17年（1837～1884）

　幕府に仕え侍講、外国奉行、会計副総裁などを歴任し、維新後は文部卿就任を要請されたが断り平民となる。東本願寺法王の欧州視察に随行。明治7年（1874）、「朝野新聞」を創刊した。

【成瀬善四郎（正典）】 なるせ ぜんしろう（まさのり）……23・25・35
文政5年～明治2年（1822～1869）

　旗本荒井精兵衛道貞の子。のちに成瀬藤右衛門の養子となった。安政5年（1858）、小普請組小笠原弥八郎支配御勘定出役によって外国奉行支配調役に抜擢され、翌年、外国奉行支配組頭に昇進。遣米使節団では、ニューヨークの税関で関税の規則を調査したほか、国書の管理にあたっていた。帰国後、万延元年（1860）12月、御裏門御切手番之頭、文久3年（1863）から騎兵差図役頭取、慶応3年（1867）御目付、慶応4年正月には勤仕並寄合、同3月には砲兵頭並などを歴任。明治2年（1869）、病死。

【仁和寺宮純仁親王】 にんなじのみや あきひとしんのう……206
弘化3年～明治36年（1846～1903）

　伏見宮家第20代伏見宮邦家親王8男。仁孝天皇の猶子。仁和寺第30世門跡。後、還俗。錦旗を新政府軍へ渡し官軍とする。奥羽征討総督。明治3年（1870）、東伏見宮と改名。佐賀の乱や西南戦争、日清戦争にも出征し指揮を執る。明治31年元帥。東伏見宮彰仁親王（206頁）と小松宮彰仁親王（207頁）は同じ人物。

【乃木希典】 のぎ まれすけ……182
嘉永2年～大正元年（1849～1912）

　長府藩士。萩藩校「明倫館」文学寮で学ぶ。西南戦争では軍旗を奪われる恥辱をうけた。維新後は御親兵に編入され、フランス式訓練を受ける。明治4年（1871）に陸軍少佐。後、陸軍少将。明治37年、陸軍大将に任官。明治40年、学習院院長。

【野沢郁太】 のざわ いくた……65
生没年不詳

　第1回遣欧使節団では、昼食と夕食のときには、必ずビールを飲んでいたという。『遣欧使節航海日録』を書き残した。

【野津道貫】 のづ みちつら……182
天保12年～明治41年（1841～1908）

薩摩藩士。西南戦争では、政府軍の第2旅団参謀長として出陣。攻城・野戦の第一人者として知られる。

【野々村市之進】 ののむら いちのしん……27
文政元年〜明治17年（1818〜1884）

美濃出身。遣米使節団には、43歳頃に副使の村垣範正の従者として随行した。絵心があり、寄港した港の風景を描いた絵巻があるという。維新後は、刀剣類を売り払い東京本郷に洋品店を開業し、後に呉服商となり家業とする。『航海日録』をまとめている。

■は行
【畠山義成】 はたけやま よしなり……94
天保14年〜明治9年（1843〜1876）

薩摩藩士。藩の英国密航留学生の1人。そのままフランス、アメリカにも渡り岩倉使節団と帰国。文部省出仕となり学務局長まで昇進。フィラデルフィア万博で渡米中に病没。享年34歳。

【花房義質】 はなぶさ よしもと……176
天保13年〜大正6年（1842〜1917）

岡山藩士。緒方洪庵の「適塾」に学ぶ。慶応3年（1867）に欧米遊学。明治3年（1870）に外務省出仕となり副島種臣や榎本武揚を補佐した。後、初代駐朝鮮公使、駐露特命全権公使。

【林研海】 はやし けんかい……77
天保15年〜明治15年（1844〜1882）

幕府御典の林洞海の長男。文久元年（1861）に長崎養生所でポンペから医学を学んだ。オランダ留学生に抜擢され、海軍病院で医学を研修。慶応2年（1866）に3年間の留学期間延期の許可を得るが、幕府瓦解となった。徳川昭武一行とともに明治元年（1868）12月に帰国。その後、駿府病院頭となる。明治4年に叔父の松本順に推挙され一等医官となり、明治12年には陸軍軍医総督に昇進するが、明治15年にパリで肝臓炎を患い死亡する。

【原覚蔵（鵬雲）】 はら かくぞう……64
天保6年〜明治12年（1835〜1879）

徳島藩の鉄砲足軽。御用絵師の守住貫魚に住吉派を学んだ。第1回遣欧使節団では、現地の様子を描く姿が新聞に紹介されている。明治3年（1870）、徳島藩学校并医院掛三等助教として「洋算」を教えた。明治5年、文部省出仕。明治7年、広島師範学校で洋画を教えた。

【東久世通禧】 ひがしくぜ みちとみ……114
天保4年〜明治45年（1833〜1912）

公家。慶応4年（1868）に外国事務総裁となり、備前藩士がフランス軍水兵を負傷させた神戸事件を伊藤博文とともに対応。後、横浜裁判所総督。明治2年（1869）に開拓長官。ガルトネル開墾条約事件で黒田清隆と条約解消交渉に成功。明治15年（1882）、元老院副議長。

【東伏見宮彰仁親王】 ひがしふしみのみやあきひとしんのう……206

仁和寺宮純仁親王（206頁）と小松宮彰仁親王（207頁）は同じ人物。

【土方久元】 ひじかた ひさもと……176
天保4年〜大正7年（1833〜1918）

土佐藩士。土佐勤王党に参加。文久3年（1863）の「八月十八日の政変」の「七卿落ち」に従い長州へ下る。坂本龍馬らと「薩長同盟」の実現に尽力。明治元年（1868）東京府判事に就任。大日本帝国憲法後の宮内大臣として明治天皇を支えた。

【日高圭三郎（為善）】 ひだか けいさぶろう……58・59
天保8年〜大正8年（1837〜1919）

幕臣の小田切清十郎の次男として生まれ、小普請組松平美作守の日高弥一郎の養子となり、同家の家督を相続した。安政2年（1855）に徒目付となる。万延元年（1860）の遣米使節団には、徒目付として随行し『米行日誌』を残した。第1回遣欧使節団には、勘定役として随行。帰国後に十人扶持、鉄砲製造所奉行、砲兵指図役頭取、砲兵頭並となるが、明治2年（1869）に免職。明治新政府には、工部省、次いで大蔵省記録寮に勤務する。明治3年、静岡藩の田中勤番組之頭支配世話役頭取を務めた。

【平岡熙】 ひらおか ひろし……203
安政3年〜昭和9年（1856〜1934）

幕臣の子。維新後に岩倉使節団とともにアメリカ留学。機関車工場で働き、その技術とベースボールを修得。帰国後、工部省鉄道局技師に就任。明治11年（1878）、新橋停車場構内に野球場を作る。沢村栄治とともに野球殿堂入り第1号となる。

【広沢真臣】 ひろさわ さねおみ……175
天保4年〜明治4年（1833〜1871）

長州藩士。藩校明倫館で学ぶ。藩の軍制改革に参加。木戸孝允や大坂玄瑞の下で京都詰の事務方を務める。藩内の政権を高杉晋作らの改革派が掌握し政務役となる。第2次長州征伐で勝海舟と休戦協定を結ぶ。薩長間の「商社示談箇条書」を作成。明治4年（1871）に刺殺された。維新の十傑の1人。

【広瀬格蔵】 ひろせ かくぞう……33
文化5年〜慶応元年（1808〜1865）

甲斐八代郡市川代官典医。『環海航路日記』を著す。文久2年（1862）には遣米使節団の世界一周の記録を『環海航路新図』にまとめた。

【福岡孝弟】 ふくおか たかちか……175
天保6年〜大正8年（1835〜1919）

本文掲載写真の補足人物紹介

土佐藩士。後藤象二郎や板垣退助らとともに吉田東洋の「少林塾」に学ぶ。「新おこぜ組」を結成し土佐勤王党を弾圧。「三職」では制度取調参与となり「五箇条の御誓文」「政体書」の起草に携わる。「太政官」では明治4年（1871）に司法大輔に就任。後、文部卿、参議。

【福沢諭吉】 ふくざわ ゆきち……49・54・58
天保5年～明治34年（1834～1901）

豊前国中津藩士の福沢百助の次男として生まれた。長崎でオランダ語を学び、大坂で緒方洪庵の適塾に通った。その後、適塾の塾頭、次に江戸の中津藩の蘭学塾で講師となる。安政6年（1859）に森山多吉郎より英語を学び、翌年に咸臨丸の司令官・木村喜毅の従者として、アメリカへ随行した。帰国後は、外国方へ出仕し『増訂華英通語』を出版。遣欧使節団には翻訳方として随行し、後に『西洋事情』を著す。慶応3年（1867）に再び渡米し『西洋旅案内』を著し、翌年蘭学塾を「慶應義塾」と名付け、教育活動に専念する。

【福田作太郎】 ふくだ さくたろう……58・59
天保4年～明治43年（1833～1910）

幕臣。第1回遣欧使節団からの帰国後は、各国での探索報告書をまとめ、全27冊の『福田作太郎筆記』が残されている。その後、神奈川奉行支配組頭、初代鉄砲製造奉行となる。維新後は、工部大書記官として明治政府に出仕する。

【福地源一郎】 ふくち げんいちろう……52・55・61・113
天保12年～明治39年（1841～1906）

儒医の福地苟庵の長男で長崎に生まれた。名村八右衛門にオランダ語、森山多吉郎に英語を学び、通弁御用となった。第1回遣欧使節団には、定役並通詞として随行する。フランスでは、万国公法を研究した。慶応元年（1865）にも柴田剛中の使節に随行し、フランスやイギリスの新聞や雑誌、演劇に関心を持つ。その後、「江湖新聞」の創刊や『西史撮要』など翻訳書を出版する。明治4年（1871）の岩倉使節団には一等書記官として随行し、パリより一行と別れ、ヨーロッパを遊歴し2年後に帰国。明治7年に東京日日新聞に入社し、ジャーナリストとして活躍。

【伏見宮貞愛親王】 ふしみのみや さだなるしんのう……206
安政5年～大正12年（1858～1923）

伏見宮邦家親王の第14子。明治4年（1871）、元服し貞愛を賜り親王を宣下される。明治10年の西南戦争に出征。明治18～19年、渡欧し各国を視察。明治29年、ロシア皇帝ニコライ2世の戴冠式に明治天皇の名代として参列。明治37年、陸軍大将となり、大正4年（1915）には元帥。なお、伏見宮邸は現在ホテルニューオータニとなっている。

【淵辺徳蔵】 ふちべ とくぞう……56・57
天保6年～明治45年（1835～1912）

使節団に随行時に『欧行日記』を記している。第2回ロンドン万国博覧会には、イギリス全権公使オールコックが集めた日本の出品物があった。徳蔵はこれを見て「全く骨董品の如く雑具かくの如き粗物のみを出せしなり」と書き残している。帰国後、外国奉行支配調役から製鉄所御用取扱をつとめた。慶応4年（1868）、大目付附属。明治期には、号を游萍（ゆうひょう）とし、漢画南宋派の画家として活躍した。

【古川庄八】 ふるかわ しょうはち……79
生没年不詳

讃岐国に生まれた。長崎海軍伝習所、次いで築地海軍操練所で学んだ。オランダ留学では、航海技術を学び、開陽丸で帰国。その後、築地海軍操練所に出仕。戊辰戦争では、開陽丸で榎本武揚に従い箱館で参戦。維新後は開拓使御用掛となり、横須賀造船所に勤務する。

【別府晋介】 べっぷ しんすけ……181
弘化4年～明治10年（1847～1877）

薩摩藩士。戊辰戦争では白河城攻防戦、二本松・会津戦で活躍する。明治4年（1871）、近衛陸軍大尉に任ぜられた。西南戦争では、薩軍の6番7番連合大隊長となった。最終戦の城山では、負傷した西郷の切腹を介錯し、自刃した。

【堀達之助】 ほり たつのすけ……15
文政6年～明治27年（1823～1894）

長崎生まれの江戸幕府通詞。ペリー艦隊浦賀再来航時の安政元年（1854）の日米和親条約では、条文の翻訳にあたる。文久2年（1862）、洋書調所教授方となり、『英和対訳袖珍辞書』を出版する。

■ま行

【前島密】 まえじま ひそか……203
天保6年～大正8年（1835～1919）

幕臣前島家の養子となり幕府の「開成所」の数学教授に就任。新政府には大蔵省に出仕し、租税権正兼駅逓権正に就任。渡英し郵便制度を視察。明治4年（1871）に駅逓頭に就任した。郵便制度を創設し、「郵便の父」と呼ばれた。

【前原一誠】 まえばら いっせい……178
天保5年～明治9年（1834～1876）

長州藩士。吉田松陰の「松下村塾」で学ぶ。討幕活動に尽力。長州征伐や戊辰戦争で活躍。維新後は越後府判事、参議兼兵部大輔。徴兵令で木戸孝允や山縣有朋と対立し辞任。明治9年（1876）に奥平謙輔らとともに萩の乱を起こし

斬首刑に処される。享年43歳。

【牧野伸顕】 まきの のぶあき……113
文久元年〜昭和24年（1861〜1949）

大久保利通の次男。岩倉使節団のアメリカ留学生。帰国後は東京大学で学び、外務省出仕。後、第12代西園寺内閣の文部大臣に就任し義務教育4年を6年とし、美術展覧会を開催。明治13年（1880）に3等書記生・領事代理としてロンドンの日本公使館に駐在。

【益頭駿次郎】 ましず しゅんじろう……61
文政3年〜明治33年（1820〜1900）

江戸の惣録検校・益頭尚房の次男。弘化元年（1844）に勘定組頭普請役となった。万延元年（1860）の遣米使節団には、普請役として随行し『亜行航海日記』を著す。遣欧使節団にも、普請役として随行。帰国後は支配勘定役となり、海軍練習所の建設に尽力する。慶応3年（1867）に横須賀製鉄所の調役となり、勘定役まで昇進。維新後は、徳川家に仕える。

【マシュー・C・ペリー】……11
1794年〜1858年

アメリカ海軍軍人。1852年東インド艦隊司令長官に任じられ、日本遠征を命ぜられた。同年11月、大統領の親書を託されてノーフォークを出航。喜望峰を回り、中国上海、その後、琉球に上陸したのち小笠原経由で、翌1853年7月8日（嘉永6年6月3日）、浦賀沖に碇泊した。6月9日久里浜に上陸して浦賀奉行戸田氏栄と井戸弘道に親書を手渡し、翌年春を期限に条約締結を要求。再来を告知して退去した。翌年1月、告知通り軍艦7隻で再来航し、3月3日横浜で日米和親条約が結ばれた。帰国後、議会から条約に商業条項が欠如していることを批判されるが、最恵国待遇を勝ちとったことなどを堂々と主張したという。その後議会の委嘱によって大著『日本遠征記』をまとめるが、3年後に病没する。

【松木弘安】 まつき こうあん……70
天保3年〜明治26年（1832〜1893）

別名寺島宗則。出水郷士の長野祐照の次男で、叔父で薩摩藩の蘭方医・松木宗保の養子となる。弘化2年（1845）に江戸で伊東玄朴や川本幸民より蘭学を学び、安政2年（1855）より中津藩の蘭学塾に出講し、蕃書調所教授手伝となった。一時帰郷して島津斉彬の侍医となるが、安政6年から本格的に英語を学び、第1回遣欧使節団に医師兼翻訳方として抜擢された。帰国した翌年に薩英戦争が起こり参戦。元治2年（1865）、薩摩藩がイギリスへ留学生を送る際は、視察随員となる。維新後は、外交官として明治政府で活躍する。

【松田道之】 まつだ みちゆき……177
天保10年〜明治15年（1839〜1882）

鳥取藩士。藩校尚徳館と私塾「咸宜園（かんぎえん）」に学び尊王攘夷運動に傾倒。明治2年（1869）、京都府大参事。後、大津県令、滋賀県令を歴任。明治8年内務大丞。明治12年東京府知事。「琉球処分官」として琉球における廃藩置県を断行し「沖縄県」を置いた。

【松平容保】 まつだいら かたもり……200
天保6年〜明治26年（1835〜1893）

会津藩9代藩主。文久2年（1862）に徳川家茂の命で幕政参与し、京都守護職となる。公武合体に尽力するが、大政奉還に反対し鳥羽・伏見の戦いで敗北。会津で降伏して幽囚。後、日光東照宮の宮司となる。

【松平春嶽】 まつだいら しゅんがく……189
文政11年〜明治23年（1828〜1890）

16代福井藩主。将軍継嗣問題で敗れ隠居。文久2年（1862）、政事総裁職となり、幕政に参与。文久3年、勝海舟の神戸海軍操練所創設を援助。明治元年（1868）、内国事務総督になったほか、徳川慶喜救解運動に奔走。明治2年、民部卿兼大蔵卿をつとめたが、その後、要職から離れる。明治9年から福沢諭吉との交際が始まる。

【松平宗秀】 まつだいら むねひで……200
文化6年〜明治6年（1809〜1873）

丹後宮津藩6代藩主。譜代大名。安政の大獄で追罰人事を受けるが、元治元年（1864）に老中となる。慶応2年（1866）に老中を免職し隠居。新政府に出仕し、伊勢神宮の大宮司となる。

【松平茂昭】 まつだいら もちあき……200
天保7年〜明治23年（1836〜1890）

福井藩17代藩主。慶応元年（1865）第1次長州征伐の副総督。明治2年（1869）、福井藩知事に就任。明治4年の廃藩置県後に、公爵となる。

【松平康直】 まつだいら やすなお……50・52
文政13年〜明治37年（1830〜1904）

旗本の松平軍次郎康済の長男として生まれた。駿府加番、火事場見廻役、寄合肝煎、講武所頭取を経て、安政6年（1859）に神奈川奉行兼外国奉行となる。第1回遣欧使節団では、副使に任命される。帰国後は、外国奉行専任となり300石が加増され、その後、勘定奉行、大目付、江戸南町奉行となる。元治元年（1864）に本家の松平周防守家を相続し、陸奥棚倉藩の藩主となり名を康英と改名。老中として横須賀製鉄所建設にあたる。慶応2年（1866）には川越藩に転封。明治2年（1869）に家督を養子の康載に譲り隠居。明治37年に従二位に叙される。

本文掲載写真の補足人物紹介

【松本良順】まつもとりょうじゅん……157
天保3年～明治40年（1832～1907）

　江戸に生まれる。安政4年（1857）、長崎に開いた医学伝習所に赴き、オランダ軍医ポンペに医学・蘭学を学びながら、学生の監督役になる。文久元年（1861）に建てられた日本初の洋式病院である長崎療養所の解説に尽力した。慶応4年（1868）の戊辰戦争では幕府陸軍の軍医となり、会津に赴き負傷者を治療した。戦後、投獄されるが赦免され、維新後の明治6年（1873）には陸軍初代軍医総監となる。

【三浦梧楼】みうらごろう……182
弘化2年～大正15年（1846～1926）

　長州藩士。「明倫館」で学ぶ。奇兵隊員。維新後は兵部省出仕。萩の乱や西南戦争の功績で陸軍中将に任官。明治17年（1884）に大山巌に随行し渡欧。後、在朝鮮国特命全権大使。

【水品楽太郎】みずしならくたろう……52・67
生没年不詳

　慶応元年（1865）の柴田使節団に外国奉行組頭として参加。慶応3年、勤仕並小普請となる。明治6年（1873）、左院三等議正となるも、その後の消息は不明。

【箕作秋坪】みつくりしゅうへい……70
文政8年～明治19年（1825～1886）

　津山藩の教諭所の学監菊池文理の次男。19歳で江戸に出て箕作阮甫、また大坂で緒方洪庵に蘭学を学び、箕作阮甫の次女の婿養子となる。嘉永6年（1853）に蛮書和解御用となり、その後、外国奉行手付、蕃書調所教授職手伝となった。第1回遣欧使節団には、御雇翻訳方兼医師として随行。維新後は、英学塾「三叉学舎」を開設。「明六社」の社長に就任する。啓蒙思想家でもある。

【箕作麟祥】みつくりりんしょう……100
弘化3年～明治30年（1846～1897）

　津山藩地理学者箕作省吾の長男。江戸で蘭学、英学を学ぶ。外国奉行支配翻訳御用頭取に就任。パリ万博に随行し仏留学。新政府に出仕し明治3年（1870）に制度取調局長官に就任。明治22年、司法次官だった麟祥は和仏法律学校（現法政大学）の初代校長に就任する。

【三村広次郎】みむらこうじろう……33
生没年不詳

　詳細は不詳であるが、遣米使節団には、17歳頃に監察目付小栗忠順の従者として随行した。

【三宅秀】みやけひいず……91
嘉永元年～昭和13年（1848～1938）

　蘭方医三宅艮斎の子として江戸に生まれる。幼少期より漢学、蘭学、英語、フランス語、ドイツ語を学び、15歳の頃に第2回遣欧使節団に田辺太一の従者として随行。帰国後は、さらに英語やフランス語、医学を学ぶ。明治3年（1870）に東京大学出仕となり、東京医学校長心得と昇進してゆく。明治21年に日本初の医学博士の学位を受け、明治24年に東京大学初の名誉教授に推薦される。医学界に尽力し大きな功績を残す。

【陸奥宗光】むつむねみつ……177
天保15年～明治30年（1844～1897）

　紀州藩士。神戸海軍操練所で学び海援隊に参加。天満屋事件に関与。岩倉具視の推挙で新政府に出仕するが、明治5年（1872）に薩長藩閥政府に憤慨し辞任。後、伊藤博文の勧めで渡欧。第2次伊藤内閣で外務大臣として幕末の不平等の一つである領事裁判権の廃止につとめ、成功した。

【村垣範正】むらがきのりまさ……23・34
文化10年～明治13年（1813～1880）

　幕臣。遣米使節副使として米艦ポーハタン号で渡米。帰国後、日普通商条約の全権委員。文久元年（1861）には箱館奉行となる。維新後は隠居してふたたび官には就かなかった。

【村田新八】むらたしんぱち……112
天保7年～明治10年（1836～1877）

　薩摩藩士。幼い頃から西郷に兄事。戊辰戦争では西郷の幕下で戦い、江戸開城の会談を護衛。明治4年（1871）宮内大丞。岩倉使節団に随行。帰国後に西郷の下野を知り辞任。私学校の砲隊学校、章典学校の監督を務めた。西南戦争では二番大隊指揮長。享年42歳。

【村橋直衛】むらはしなおえ……95
天保13年～明治25年（1842～1892）

　薩摩藩加治木島津家一門村橋久柄の嫡子。嘉永6年（1853）、家督を継ぐ。元治2年（1865）、イギリスに留学。慶応4年（1868）、加治木大砲隊監軍として、北越戦争を戦う。明治2年（1869）、箱館戦争に参戦する。明治4年、開拓使十等出仕、東京出張所在勤。翌年、開拓権大主典、東京三官園担当。明治9年に札幌麦酒醸造所（サッポロビールの前身）を設立する。明治10年、開拓権少書記官に就任、明治14年、開拓使を辞職。神戸で死去。

【明治天皇　睦仁】めいじてんのうむつひと……204
嘉永5年～明治45年（1852～1912）

　慶応2年（1866）12月に孝明天皇が崩御すると、皇位を継承。明治4年（1871）、横須賀造船所に行幸し、ドックを見学。明治5年5月から7月までの西国巡業に内田九一を随行させる。明治6年3月に明治天皇が西洋風に断髪したことで、国民にも断髪が徐々に広がった。明

治22年に大日本帝国を欽定したほか、日清・日露両戦争では、大本営で自ら指揮を執った。

【毛利敬親】 もうり たかちか……198
文政2年～明治4年（1819～1871）

天保8年（1837）に家督を継ぎ、13代長州藩主となる。尊王攘夷派であったが、この下関戦争の後は、開国派へ転じる。欧米側の圧倒的な強さを身をもって知り、日本を早く近代化させる必要があると悟ったのだ。貧富や家柄にこだわらず、多くの有能な家臣を見出し、その才能を発揮させた大名である。

【毛利元徳】 もうり もとのり……198・201
天保10年～明治29年（1839～1896）

長州藩14代藩主。敬親の養子で、16歳の時に敬親の世子となる。同世代の井上勢や高杉晋作、久坂玄瑞らの家来と率直に議論し、敬親の政務を補佐し、のちに14代藩主となった。明治2年（1869）に従三位、参議に就任。版籍奉還で長州藩知事となり、明治4年の廃藩置県後に免官。東京へ移り第十五国立銀行頭取、公爵となる。

【森有礼】 もり ありのり……94
弘化4年～明治22年（1847～1889）

薩摩藩士。藩の密航留学生の1人。外国で維新を迎え外国官権判事、駐米少弁務使に就任。明治6年（1873）に帰国し「明六社」を結成。明治18年からは文部大臣として近代的教育制度を確立するため、学校制度を整備した。

【森鉢太郎】 もり はちたろう……67
生没年不詳

幕臣。万延遣米使節団では勘定組頭。著書に渡米中に記してまとめた『亜行日記』がある。

【森山栄之助】 もりやま えいのすけ……15
文政3年～明治4年（1820～1871）

長崎生まれの江戸幕府通詞。嘉永6年（1853）のプチャーチン来航時は川路聖謨の通詞として、翌年にはペリー来航の際の通詞として、その後は遣欧使節団の通詞として活躍した。

【森山多吉郎】 もりやま たきちろう……56・57
文政3年～明治4年（1820～1871）

長崎のオランダ語通詞の家に生まれた。アメリカ人マクドナルドから英語を学び、オランダ語と英語が使いこなせた。プチャーチンやペリー提督来航の際に通訳を務め、遣欧使節団が持参した英文書も作成し、大通詞となった。その後、江戸小石川に英語塾を開く。また、オランダ製の樺太の地図に日本とロシアとの国境が北緯50度線になっていることを発見した。第1回遣欧使節団の帰国後も各国との重要な会議で通詞を務め、慶応3年（1867）には外国奉行組頭となる。外交のエキスパートとして活躍す

るが、新政府には出仕しなかった。

■や行

【谷津勘四郎】 やづ かんしろう……90
生没年不詳

詳細は不詳であるが、第2回遣欧使節団には31歳の頃に随行した。文久年間（1861～1864）に立石斧次郎や福沢諭吉が英語の翻訳をしていた洋書調所で、使節団に随行した田辺太一とともにフランス語の翻訳をした。

【柳原前光】 やなぎわら さきみつ……208
嘉永3年～明治27年（1850～1894）

公家。戊辰戦争では東海道鎮撫副総裁、甲府鎮撫使。江戸開城では18歳で勅使として入城し勅諚を伝える。明治4年（1871）外務大丞。大蔵卿伊達宗城とともに日清修好条規を締結。後、駐露公使、元老院議長、枢密顧問官。歌人・柳原白蓮の父。

【山岡鉄舟】 やまおか てっしゅう……202
天保7年～明治21年（1836～1888）

幕臣。講武所で剣術、山岡静山に忍心流槍術を学ぶ。文久2年（1862）に将軍警護の浪士組の取締役。「江戸開城談判」の際、徳川慶喜から一番槍と評された。維新後は西郷隆盛の頼みで明治天皇の侍従となる。

【山尾庸三】 やまお ようぞう……83・84
天保8年～大正6年（1837～1917）

長州藩士。「英国公使館焼き討ち事件」や藩の英国密航留学に加わる。新政府では工部省の設立に携わり工学寮（東京大学工学部の前身）創設に尽力。明治13年（1880）、工部卿に就任。

【山縣有朋】 やまがた ありとも……179
天保9年～大正11年（1838～1922）

長州藩士。吉田松陰の松下村塾で学ぶ。高杉晋作の奇兵隊創設に参加。戊辰戦争後は陸軍大輔を経て明治6年（1873）に陸軍卿。翌年に参議を兼務し、後に内務卿となる。第3代、9代内閣総理大臣。

【山川捨松（咲子）】 やまかわ すてまつ……116
安政7年～大正8年（1860～1919）

会津藩の家老・山川尚江重固の娘。箱館のフランス人の家庭で育てられた。山川家が応募し11歳の時にアメリカ留学生となった。ヒルハウス高校を卒業後、ヴァッサー大学通常科を優秀な成績で卒業し、明治15年（1882）に帰国。その後、大山巌の後妻となり、流暢な英語と立ち振る舞いで鹿鳴館の華となる。看護婦の必要性を説き、有志共立病院看護婦教育所には、鹿鳴館慈善会で集めた8,000円を寄付。津田梅子の女子英学塾も全面的に支援する。

【山口尚芳】 やまぐち なおよし……106・107

本文掲載写真の補足人物紹介

天保10年～明治27年（1839～1894）
　佐賀藩士。長崎の致遠館で英語を、佐賀藩のオランダ学校でオランダ語を学び、佐賀藩の翻訳兼練兵掛となった。明治元年（1868）に新政府に仕え、大蔵大丞兼民部大丞から外務少輔となる。使節団には、特命全権副使として参加した。

【山下岩吉】 やました いわきち……77
天保12年～大正5年（1841～1915）
　讃岐国に生まれた。長崎海軍伝習所、次いで築地海軍操練所で学んだ。オランダ留学では、航海訓練学校に入学し、その後、フィップス造船所で開陽丸の艤装に携わり、国立海軍ドックで訓練を受けた。開陽丸で帰国。築地海軍操練所に出仕。明治19年（1886）に横須賀造船所の製帆工場長となる。

【山田顕義】 やまだ あきよし……112
弘化元年～明治25年（1844～1892）
　長州藩士。高杉晋作が指揮をとる尊王攘夷派に加担し、禁門の変や第2次長州征伐にも活躍。新政府では、海軍参謀となり、五稜郭の戦いでは青森口陸軍参謀となる。明治2年（1869）に兵部大丞となり、大阪兵学寮の設立に尽力。陸軍少将に就任。岩倉使節団に随行し、主に軍制調査にあたる。

【山田馬次郎】 やまだ うまじろう……30・33
天保3年～文久3年（1832～1863）
　土佐藩士。早くから西洋に関心を持ち江戸に出た。遣米使節団には吉田東洋の推挙を受け、28歳頃に外国奉行支配組頭の成瀬善四郎の従者として随行した。ハワイからサンフランシスコまでの日記『航海日記』を残している。帰国後は、江戸で洋学を学ぶが、32歳で死去する。

【山高信離】 やまたか のぶつら……99
天保13年～明治40年（1842～1907）
　大目付の堀利堅の子で、初代箱館奉行及び外国奉行となった堀利熙の弟。椿椿山に絵を学んだ。兄・山高信厚が死去し、15歳で山高家の家督を継承。元治元年（1860）に小納戸から目付に昇進した。その後、横浜仏蘭西語伝習所で学び、若年寄格従五位下石見守に叙任された。パリ万国博覧会の使節団には、昭武の始終世話をする御傅役として随行した。途中、任を解かれて留学生へと転じるが、大政奉還で召還され帰国。伝統美術に詳しく、明治5年（1872）に博覧会御用掛が命じられ、ウィーンやフィラデルフィアなど各国で開催された万国博覧会で大役を務め、内国博覧会にも携わる。晩年は、帝国博物館の館長に就任する。

【山田八郎】 やまだ はちろう……66
文政4年～明治14年（1821～1881）

　安政2年（1855）、小人目付として長崎海軍伝習一期生として参加。文久使節団時にロシアを訪れたときに、外科手術を見学中に、気分を悪くした福沢諭吉を介抱した。

【山内容堂】 やまのうち ようどう……188
文政10年～明治5年（1827～1872）
　嘉永元年（1865）、15代土佐藩主。吉田東洋を登用して藩政改革につとめた。安政5年（1858）の将軍継嗣問題では一橋派に与して謹慎処分を受けた。文久3年（1863）、土佐勤王党弾圧に乗り出し、東洋暗殺の罪で武市半平太らを罰した。慶応3年（1867）に徳川慶喜に「大政奉還」を建白した。維新後は橋場の別邸に隠居し、自らを「鯨海酔侯」と称した。

【吉川金次郎】 よしかわ きんじろう……27
生没年不詳
　詳細は不詳であるが、遣米使節団には、16歳頃に副使の村垣範正の従者として随行した。

■ら行
【利七】 りしち……16
文政7年～明治2年（1824～1869）
　伯耆国河村郡長瀬村（現鳥取県東伯郡湯梨浜町はわい長瀬）生まれ。嵐で漂流しアメリカ船に救助され香港経由で帰国。長崎で取り調べを受けたのち、安政元年（1854）12月6日、故郷へ戻る。海外で貴重な体験をしたということで藩校尚徳館の小使いとして取り立てられ、名字帯刀を許され、佐伯文太と名乗るようになった。湯梨浜町新川の海岸松原近くには昭和60年（1980）に彼の顕彰碑が建立された。

■わ行
【渡辺昇】 わたなべ のぼる……176
天保9年～大正2年（1838～1913）
　大村藩士。安井息軒の「三計塾」、斎藤弥九郎の「練兵館」で学ぶ。尊王攘夷に傾倒。「三十七士同盟」を結成。長崎で坂本龍馬の薩長同盟案に共鳴し、長州藩を龍馬に引き合わせ同盟の成立に尽力。兄の清と大村勤王党を結成し、京都で諸藩の志士と交流。佐幕派と戦った。

【渡辺洪基】 わたなべ ひろもと……115
弘化4年～明治34年（1847～1901）
　福井藩士。慶応義塾卒業。戊辰戦争では幕府軍についたが許され、新政府には外務省大録に就任。岩倉使節団に随行。後、一等書記官、元老院議官、東京府知事、帝国大学初代総長などを歴任。

251

日本カメラ財団小史
日本カメラ博物館の設立とその活動

田村昌彦（一般財団法人 日本カメラ財団　文化部部長）

日本カメラ博物館開館に至るまで

　日本カメラ博物館は、一般財団法人日本カメラ財団（略称：JCII）によって管理・運営されています。ところで、一般財団法人日本カメラ財団とはどんな財団なのでしょうか？　この財団は、昭和29年（1954）年6月14日、当時の写真業界指導者の皆様の熱意と協力によって設立され、設立当時は財団法人日本写真機検査協会と称していました。その後、検査業務の拡大に伴って、昭和48年に名称を財団法人日本写真機光学機器検査協会としました。英文名は、Japan Camera and Optical Instruments Inspection and Testing Institute で、邦文名も英文名も正式名称が大変長いので、略称のJCIIが一般に広く使われてきました。そして、JCIIの業務の中心が「検査」から文化活動へと移行するのに伴い、長年親しまれてきた略称のJCIIはそのままで、平成11年（1999）10月1日、財団法人日本カメラ財団（英文名：Japan Camera Industry Institute ）に改称しました。（＊平成24年、一般財団法人日本カメラ財団へ）

　国内はもとより、広く海外にも知られているJCIIは、「輸出品取締法（後に輸出検査法）」という法律によってカメラの検査を行い、輸出カメラを一定水準以上の品質に保って、日本製カメラの輸出信用を確立するために発足し、以後、35年間その使命を十分に果たして、日本製カメラの進歩、発展に多大な貢献をしました。

　各メーカーの懸命の技術革新、市場拡大の努力と、JCIIによる助力もあって、日本製カメラの品質は日々向上し、安定した製品が生産され、世界市場で不動の地位を得ました。従って、第三者機関による検査を義務付ける必要が少なくなり、また、貿易やビジネスの自由化という時代の要請もあって、法によるカメラの輸出検査は、平成元年12月13日にカメラを指定品目から削除して廃止されました。そして、JCIIは新たに日本カメラ博物館、JCIIフォトサロン、JCIIライブラリーを設けました。JCIIは、この施設をつうじ、カメラ、写真及び映像等の展示や関係文献の一般公開など、写真・映像文化のハードとソフトを導入し、関係業界とカメラユーザーの総合的発展に寄与する業務に力を入れています。

日本カメラ博物館の設立とその活動

　日本カメラ博物館が開館するに先立ち、昭和58年にアメリカのジョージ・イーストマン博物館は「日本カメラの発達展」を企画し、日本の業界及びJCIIに協力を求めてきたので、JCIIは所蔵していたカメラを多数貸出しました。これがアメリカ全土を回った後、昭和61年に東京・上野の国立科学博物館で締めくくりの凱旋展を開催したところ、大好評でしたので、常設の博物館を作り公開して一般のお役に立ちたいという考えが具体化し、多数の関係者の協力のもと、東洋で最初の公的な「日本カメラ博物館」が平成元年（1989）11月29日に開館しました。

　博物館の管理・運営と企画は、JCIIはもちろんですが、写真業界関係者、学識経験者からなる「日本カメラ博物館運営委員会」が設けられていて、業界全体の流れや、時代とともに進歩する技術の流れなどを十分に反映させ、一般の人々が日本カメラ産業の豊かな歩みを理解できるように、大所高所から有意義な意見をいただいて行われています。

　この博物館の特徴は、日本のカメラの発展の歴史が分かる系統的なコレクションを持っていることにあります。世界に多数のカメラの博物館がありますが、日本のカメラの歴史を20世紀の初めにまでさかのぼってたどれる博物館はありません。日本カメラ博物館は、国内外のカメラを約2万数千台所蔵していますが、そのコレクションの中心は、世界最初のカメラ、「ジルー・ダゲレオタイプ・カメラ」をはじめ日本のカメラの技術発展を系統的に収集した「歴史的カメラ」で、これらは常設展示されています。特別展では機能別、国別等のカメラの魅力をあらゆる角度から掘り下げて展示しています。

日本カメラ博物館の展示活動

　日本カメラ博物館の展示には、常設展示と特別展示がありますが、まず、開館記念特別展示から述べてみましょう。博物館のコレクションの主体は日本の歴史的カメラなので、開館記念特別展は「日本のカメラ　その誕生から今日まで」というタイトルのもとに、このコレクションを紹介することから展示活動を開始しました。そして特別展には原則として必ず図録を作成して記録を残すことが決められています。

　平成元年11月29日の開館日には、日本のカメラメーカー各社の会長、社長をはじめ、当時の海部俊樹内閣総理大臣、ドイツからはケルン市の市長、ケルン見本市会社の社長、副社長、ドイツ写真工業会の会長、専務理事など世界の業界人が駆けつけて、日本カメラ博物館の新たな出発に祝福の言葉を述べられました。開館記念であるこの展示は、明治36年（1903）のチェリー手提げ暗函から始まって現在に

至る、日本製カメラ発展の歴史を物語るもので、アメリカ、イギリス、ドイツなどのカメラを模倣していた時代から、今日の独創的で優秀な製品になるまでのプロセスを示すと同時に、日本のカメラ業界の先駆者たちの苦労を偲ぶことができ、平成2年5月6日まで開催され大変好評でした。この展示終了後も、日本の歴史的カメラ約300機種が常設展として展示されております。

その後は常設展の他に年に3～4回の特別展を開催し、多くの入館者に好評を得ながら今日に至っています。

「JCIIフォトサロン」の活動

「JCIIフォトサロン」は、ハード中心の博物館と補い合って、ソフト面から、日本の写真文化発展の歴史を広く伝え、普及させることを目的とし、表現力の豊かな芸術写真や記録としての写真など、様々な写真を多角的に展示して、写真文化の発展に寄与しようということで、平成3年4月1日に開館しました。このフォトサロンの特徴は、展示期間が1か月で、通常の写真展示の場合より長いこと、展示作品の図録を必ず作成して記録に残すことなどがあげられます。また、写真展と併せてアマチュア向けに撮影・現像などの写真講座、講演会、ワークショップなどを開催し好評を得ています。

JCIIフォトサロンの画期的な仕事として挙げられるのが、平成11年10月1日から24日までドイツのヘルテン市において開催された「ビルトフォーラム」主催の「第5回国際写真月間」において、JCIIフォトサロンが収蔵している作品の中から日本の著名写真家40名の作品360点を「東京100年」というタイトルで展示したことです。日本の写真家達のようなこのような写真展が外国で開催されるのは初めてであり大変好評でした。

カメラ等の輸出検査を行っていた時代には、合格ラベルで国内よりも海外においてその名をよく知られていたJCIIが、今度は「JCII」ブランドで、日本の写真・映像文化を海外に紹介するという国際文化交流業務をスタートさせ、グローバル化の時代に相応しい体制を漸次整えています。

平成11年10月ドイツのヘルテン市に始まった、JCIIフォトサロンの収蔵作品による「東京100年」写真展は、以来今日に至るまでヨーロッパ各地で巡回展示され、日本がハードばかりでなく、ソフトの面でも優れている事実を海外の人々に紹介し続けています。

その海外巡回展示は、これまで16か国24都市で開催されています。この写真展以外にも海外での写真展は年に3～4回は開催しています。

国内においては、日本カメラ博物館と連係しながら、日本の写真文化発展の歴史を広く伝え、普及させることを目的に写真展を開催し、原則として展示作品を収蔵しています。その結果、古写真以外の写真収蔵枚数は約6万点を数えます。
　フォトサロンにおける写真展の最大の出来事は、平成24年8月、天皇皇后両陛下が「下岡蓮杖の世界」展に行幸啓されるという栄誉にあずかりましたことです。

「JCIIライブラリー」の活動

　「JCIIライブラリー」は、平成3年6月24日に開館し、ライブラリー所蔵の図書・資料はこれまでJCIIに寄贈されたもの、JCIIが直接購入したものを基礎に出発しましたが、現在、写真に関する図書数約4万4千冊、雑誌約1千4百種を所蔵する専門図書館（閉架式、つまり書架を公開しない方式）として、多くの人々に利用されています。
　閲覧希望者は、誰でも、希望する図書・資料をカードまたはパソコンの端末を操作して検索することができます。『アサヒカメラ』『カメラ毎日』そして『写真工業』は創刊号から閲覧可能であり、閲覧室は地下1階にあります。
　また「JCIIライブラリー」では、平成13年6月26日から7月8日まで10周年記念の企画展「写真雑誌の軌跡」を開催し、わが国写真文化の普及・啓蒙に努めた各写真雑誌の歴史を展示紹介し、大変好評を得たので、それ以降は、毎年特別資料展を開催しています。

◆執筆者紹介
井上光郎（写真史家）
石黒敬章（古写真蒐集家）
谷野　啓（一般財団法人 日本カメラ財団　常務理事）
田村昌彦（一般財団法人 日本カメラ財団　文化部部長）
井桜直美（日本カメラ博物館古写真研究員）
塚越俊志（東洋大学非常勤講師）

◆装丁
グラフ（新保恵一郎）

◆編集協力
株式会社リゲル社・美濃部苑子

秘蔵古写真　幕末

2019年4月10日　第1版第1刷印刷　　2019年4月20日　第1版第1刷発行

監　修　日本カメラ博物館
発行者　野澤伸平
発行所　株式会社 山川出版社
　　　　〒101-0047　東京都千代田区内神田 1-13-13
　　　　電話　03(3293)8131（営業）　03(3293)1802（編集）
　　　　https://www.yamakawa.co.jp/
　　　　振替　00120-9-43993
編　集　山川図書出版株式会社
印刷所　半七写真印刷工業株式会社
製本所　牧製本印刷株式会社

© 日本カメラ博物館 2019　Printed in Japan　ISBN978-4-634-15147-5
・造本には十分注意しておりますが、万一、落丁・乱丁などがございましたら、
　小社営業部宛にお送りください。送料小社負担にてお取り替えいたします。
・定価はカバー・帯に表示してあります。